與神同心

王季慶「依愛隨行」的最後八堂課

十週年修訂版
活出第二青春期

王季慶 著

目錄

【自序】驀然回首

賽斯說：「當你愛一個人，你必須把那人放在心裡，因此，在某個程度上，愛是一種冥想。」在情愛關係中，我常具有這種「以所愛之人為冥想對象」的經驗。當我回首默默觀照自己的一生，突然靈光一閃——我在這兒整理不算短的一生種種的挫敗、勝利、快樂、悲傷，如七色盤般的變化轉折，不正是以自己作為冥想對象之同理和疼惜？

賽斯又說：「你想要創造性地探索被愛者的各面，甚至那些本會顯得是缺點的特徵，也有了一種可愛的重要性。它們被接受——被看見。」

在內心裡，我對自己是相當誠實的，雖然，前此還為了藏拙，無法將心靈坦誠裸露。因為內向的個性加上嚴苛的家教：十六歲時，已返家的母親送我八個字「守身如玉，守口如瓶」，使我只敢默默觀照自己，生怕成為流言的對象。離家去台南上成大前，父親的囑咐是：不可參加社團。他並沒加以解釋，我猜是怕樹大招風吧！反正我都遵守了。我往往有意無意地將自己的不完美和種種缺點都掩蓋在「天生的」低調下！

這幾年來，不知是否隨著二〇一二末日預言的迫近，我們這一代的人（約莫五、六十歲以上）彷彿紛紛地以大時代背景或私人歷程留下紀錄。

我自忖內心影影幢幢留有嬉皮的餘波，雖然，一如往常，我只是「地下」的嬉皮。本來就是個特立獨行的女子，在六、七十年代自我流放在美國，雖然沒有進入美國的主流社會，大半的接觸都是透過書文刊物、電影、電視、音樂。不過，活在這東西方文化正撞擊出火花、新舊時代正交替的時刻，親身經歷新時代思潮和生活態度的洗禮，並且面臨鋪天蓋地的千禧年末日預言……真覺恭逢其盛，三生有幸啊！

由以下我真誠無隱的自述，認識我的人和不認識我的讀友，或可有所借鏡，看見一個「不會笑的小孩」如何蛻變成由這系列演講中浮現的「辣嬤」！

第一堂

異客

獨在異鄉為異客

每個人的一生都是一個故事，
都是探險的歷程，都是很獨特的經驗。
而我為什麼會走上心靈探索的不歸路呢？
我能夠給喜歡 New Age 的人留下什麼呢？

我是王季慶，人稱王姐是也！（當年成立讀書會時，學員朋友大多比我年輕，甚至可以做我的小孩。我說稱「王媽」好像不太好，那就稱王姐吧！）

今天現場這些朋友，好像有一半都是沒見過的，是看過我的書？還是好奇想來聽我的「生前告別」？

我的自我剖白、心路歷程，將構成這八堂課的主題。

人生是探險的歷程

世間人生就是一場場戲。最近 Lady Gaga 來台，如果是年輕時期尚未赴美的我，一定看不慣她的怪誕裝扮與作風；不過現在的我已經可以包容、欣賞一切。她說人間其實一直在開假面舞會。的確，若無傷大雅，有何關係？「自娛娛人」也未嘗不是「破冰」的方法?!

大概二〇〇九年我從髮型開始作怪起，人家見到我，先是大吃一驚，然後往往化為笑靨。這樣不也很好！若是引人側目、叫人討厭，也只能說：「辣嬤在此得罪了！」

我不是抱著很嚴肅的心情來講課，只是來分享我從小到大人生的種種歷程。

為什麼講題是「最後的八堂課」？因為二〇一二馬上到了（註：上課時間開始於二〇一一年底）。我個人是不相信有世界末日的，可是對於這獨特的一年，很多人在心裡有陰影。我也不知道會活到什麼時候，我本來只預備活到二〇一一的……我沒有要自殺，只是感覺「是這個時候」就是了。可是後來發生一件很奇妙的事情（這留待以後會說），好像被多賜予了幾年壽命吧！只是，照一般想法，二〇一二好像是個界線，如果在此之前，把我的經驗跟大家分享，會顯得求道、世間法或者是出世間法，並不是那麼嚴肅、可怕，並不是要你交報告、修學分的事情。

每個人的一生都是一個故事，都是探險的歷程，修到什麼程度、喜歡學什麼、從事什麼職業，或如何找到你的志業，都是你個人的歷程，都是很獨特的經驗，這是受到肯定的。希望大家上完八堂課以後，每天照鏡子看到自己時，都是笑瞇瞇的，內心充滿喜悅、快樂、愛自己，若達到這個效果，我就很滿足了。

我所創辦的中華新時代協會已經成立很久了，我翻譯書也很久了，從一九八〇年至今，中間當然有所疏漏並偶有缺失，但我想做的事跟我能做的事，都差不多完成了。

我為什麼會走上心靈探索的不歸路呢？是因為我太怕死了，一提到死，我簡直不敢想像，不敢碰觸。只要一想到，有一天我完全沒有知覺，不知道親人發生什麼事，不知道這世界發生什麼事，我就這樣滅絕，從此變成一陣風不見了……那怎麼行呢！往往一想到這，就嚇得要命，嚇得躲在角落裡不知所措。

現在終於不怕了，所以我會開玩笑的說，我準備好，要走了。但回想這輩子活得滿精采、豐富的，想寫下來讓許多的讀者更認識我的多重面目，有什麼感想、問題，或許還可趁生前交流一下！

現在最怕的是演講，卻又想給自己一個最後的挑戰，所以先用「告別」演講的形式與大家面對面說些親密知心話。

理性＋感性

我年輕時一直很內向、很怕羞，這個不敢做、那個不敢做，但是都藏在心裡。我大學的時候唸成大建築系，當時住校，四位室友都是北一女中畢業，但不同班，大學時同住了四年，當中有三位是建築系，一位是物理系。這位物理系的同學下課後常到我們建築系館來，因為我們系館是全校唯一整夜不關燈的；我們系的學生常常開夜車，熬夜趕圖。那時候沒有電腦，建築圖都是用手畫的，所以要訓練很久。這位同學常常到我們系館K書，所以，她跟我們相處的時間很多，並不只是回來宿舍睡覺時而已；到了週末休閒時間，大家也一起出去玩，彼此還滿親的。

大四時，有一天只有我們兩個人在宿舍，她突然跟我說：「王季慶，你好像從來沒有害怕過？」哇！我當下一驚，心想，我還真會演！其實我常常在恐懼害怕。不知道是我太會演，還是她太不了解我，我常想，她是把「勇敢」投射到我身上吧！我很怕表現我的脆弱，所以表現得很堅強，讓人家看不到我的害怕。所以我不太公開演講，因為我心裡真的覺得很害怕。

我一生愛好鑽研心靈、哲學課題，就是起源於我的恐懼。從三十六歲開始進入 New Age 的研究開始，我這輩子可說以此為分野，在此之前是前半生，之後是後半生。我現在也過七十了，所以我說差不多可以走了。

在理性方面，科學、哲學、心理，我都很好奇，什麼都要探個究竟；十八般武藝，樣樣都不精，書看得夠多夠廣，因此練就了一些功夫，但沒有一門深入就是了。大家以後如果要問我哪一門派大師如何如何，我都可以約略表達我的想法；至於理論方面，我翻譯了那麼多書，大家都可以看。我學習的過程中間接觸的各種派別，不管是宗教、哲學，還是東方、西方，都在我第一本書《心內革命》中講得相當清楚。

有人很好奇的問我：「王姐，你到底是理性很發達，還是感性很發達？」其實，我想我兩樣都滿發達的，只是理性顯露於外，感性藏在我裡面，人家看不見而已。

我從小就多愁善感，多愁善感的人活得很辛苦，又沒有人可以訴說，覺得很孤單。我很喜歡「美」的東西，卻又感到很悲傷，因為美的東西不能持久，比如春花秋月。而最明顯的是「音樂」，因為音樂就是一個個音符的組合，但它的美卻建立在一直流逝的樂章上！音樂是我的初戀，同時又離不了「傷逝」的感受！我也很喜歡「愛」，雖然那也是不能持久的，但因為死亡讓人恐懼，所以我會用愛來彌補，以忘掉那個恐懼。

外星靈魂

我常常想，自己為什麼一直 Falling in love？一直自覺或不自覺地掉進感情的漩渦中？最近幾年才想到一個原因：是不是因為我是外星人啊（指外星靈魂）！我想我大概是外星人，因為外星人不懂人類的情感到底是怎麼一回事。理性面容易了解，科學面實事求是；但情感面，如果不是地球人，就很難了解。所以我拚命戀愛，以為這樣可以了解人的喜怒哀樂，也使我比較具有同情心。

人因為情感而陷溺、悲傷、失落，心迷路了，就會覺得很失落。大家若有什麼悲傷都可以跟我講，我會接受並不判斷，告訴你：這是理所當然，只是過程，你還在這過程中，你領悟的時機未到。不是說你永無翻身之日，而是時機未到，還沒有足夠的體會，還沒有吃足苦頭，還想再吃一吃苦，當你吃足苦頭的時候，就OK了。我現在就很OK、很開心。以後慢慢會分享我為什麼有這麼大的改變。

自以為是外星人的另外一個原因是，我總覺得自己沒有歸屬感。全世界都跑遍了，到處玩透透，在美國也住很久，可是我在美國時沒有想家，沒有離鄉背景的感覺，也沒有鄉愁。

我家族是從大陸攜家帶眷地逃到台灣來的，我對大陸有一些記憶，可是沒有鄉愁；在美國時對台灣也沒有鄉愁；回到台灣定居後，很多年了，對美國也沒有鄉愁；我對民族、國家、黨派、派別，也沒有感覺。我不屬於任何一個團體，也不喜歡進入任何一個組織派別；因為那樣好像畫地自限，把自己圈在裡面，外面的人跟你不同類，你要永遠防著外面的人，永遠有一條界線在。

猶記兒時還沒冷氣，夏天晚上我坐在院子裡乘涼，看著滿天星斗，就會有一種想家的感覺！覺得我的家是遙遠的星際。就像《ＥＴ》那部電影，當ＥＴ指著星星說「Go Home」時，我就哭了！Home不知道在哪裡……不過我實在不太喜歡ＥＴ的長相，已經看習慣人的樣子，很難喜歡ＥＴ；也許當我也是外星長相的話，就會喜愛ＥＴ了吧！

不過，忽然想起那時會唱一首歌：「夏夜的天空像海洋，夏夜的天空像海洋！數不清的星星向我迎著笑臉，我說不出別後的思念！……」可是，當時我母親已不告而別，或許我思念的是母親？也許兩者在我幼小的心裡混而為一了。

我在家裡排行最小，上面有兩個哥哥一個姊姊，假定應該很得寵，可是我從來沒有得寵。我不知道是自己有問題還是怎的？覺得很納悶。可是我們家裡是不可以談這種事情的，我們家的人都是規規矩矩、正正經經、不講閒話的。一直到差不多十年前，在一次機緣中，才知，我真的沒有被寵愛過，可是那不是我的錯！我大哭一場，都已經一把年紀了，很久沒那樣痛哭了。

為什麼活了那麼久都不快樂？原來我從小沒有被期待生出來。父母懷小孩，期待小孩到來，心裡有愛與空間給小孩，給小孩一個最基本、溫暖的窩，不管是胎教期或三歲以前的幼兒期，這都是非常重要的。小孩必須跟至少一位成人有一種較強的連結，這是變成一個正常人的重要因素，我沒有得到，所以我才那麼怪。

麻瓜一號

我為什麼這麼久不開課呢？我發現自己是麻瓜一號，我做麻瓜也要做一號，真是太過分了！進入身心靈這個圈子，大家都說要修行，除了在「法」（真理、知識）的鑽研、理解，還要藉種種不同的「修練法」獲得能量，提升意識，開啟內在感官（第六感）。大家都認為，若要通靈，內在感官要很發達；連賽斯也說（他雖然沒有非常強調），內在感官是需要的，因為外在感官只能夠感受到外面。

我五感蠻發達的，就是第六感不怎麼發達，因為這個緣故我很自卑，曾經請教過一些通靈人，希望他們教我如何通靈。有人說我已經通了；也有人說我通了部分，最後一關頂輪沒打通；也有兩個人說我來人世以前設定了不通；還有一個通靈很厲害的人，他看到我的指導靈或高靈，就坐在旁邊要跟我講話，可是我都置之不理，指導靈不知要跟他講話、還是跟我講才好。真是好漏氣啊！身為新時代之母，竟是個麻瓜，簡直太不像話，無顏見江東父老！

可是我倒是幫兩個人真的打通了拙火，陪他們走過艱辛的路程。因為我各門派的書看得夠多，所以別人講什麼我都聽得懂。可能因為遍讀各家並想辦法融合，即使我可能沒有那種相同的感受，可是由別人所經過的辛苦覺受，我可以判斷他真的是在那個過程中。

為什麼現在才要開課？我本來主要是翻譯那些通靈的訊息、大師的訊息；可是從二〇〇七年一直到現在，會通靈的人、自稱為大師、自認為開悟的人越來越多，每個人都說自己會通靈，開始授課、預言。但我是麻瓜，我能夠給喜歡 New Age 的人留下什麼呢？假如你不能通靈，也不用難過，因為我也沒有通。二〇〇七年時，我親身體驗到好像有點通靈的感覺（以後再詳談那個經驗），體驗後，我真的變了，變成今天這個我。不管你喜不喜歡，我比較喜歡現在的我，很開心、不與人爭、不自卑、不自傲，做我自己就好。

與神同心

我可以問問在場的朋友，有人以我為偶像、崇拜我嗎？這個問題問得很狡猾。假如大家說崇拜我，我可以說：我不接受崇拜，那就可以下課，不需要講下去了。因為我不喜歡人家崇拜我，也不贊成「崇拜」這個觀念；但要是沒有人崇拜我，也很沒面子，我可以下台一鞠躬，大家走人了……說這些只是讓大家笑一笑，因為有人說我平常講課太嚴肅。不希望你們以我為偶像，所以才跳起心靈的脫衣舞，以真實不完美的自己與你們相交、交流。

很多人都認為可以與神對話、與佛對話、與高靈對話，覺得自己可以接上那些神、佛或高靈。我並不否定，也沒有資格否定任何人，除非我在他之上，才能去判斷對嗎？對我而言，我到二〇〇七年才恍然大悟，**那個神就在我心裡，不是在我的腦子裡，也不是在我的中脈裡；祂的愛充滿我，我感覺非常自由、非常快樂。所以我說「與神同心」，也就是說，不需要再去揣測或與祂對話。**

有趣的是，這時剛好看到一份還沒出版的書稿，是出自一位荷蘭籍約六十歲的女通靈者，她之前出版過一本《靈性鍊金術》。我一看書中內容，真是講得太對了！很多都讓我心有戚戚焉。我最近看到的都是這樣的說法：不要向外去追求偶像、大師或是派別。當然在學習的過程，你可以把某人當老師、學長，在這條路上比你先行的人，總有可以學習的地方。

記得她先寫了一個小傳。她從小就對宗教很有興趣，可是她的家庭、父母並沒有提供這樣的環境，她不知道為什麼，卻很喜歡看宗教類別的書。她進大學時就去唸哲學，宗教、哲學都唸得很好，可是她在談戀愛的過程中發現，光是理性上的了解是不夠的，心裡有越來越多的矛盾跟問題。她書唸得不錯，哈佛給她獎學金，她就從荷蘭跑去哈佛。但她覺得很苦悶、孤單，不知道該怎麼辦才好，因為她研究的是科學哲學，覺得跟心靈離得很遠。

我為什麼要講這一段？因為她後來看到賽斯書系了，在美國接觸到賽斯的書後，她就喜歡上賽斯書。她歷經感情挫敗，並遇見一位靈性導師，最後也通靈了，通靈後她寫了兩本書。

她通瑪麗亞，還通約書亞（Joshua）。約書亞就是 Jesus，不是 Christ，約書亞是耶穌的猶太名字，Christ 的意思是基督，基督是神子，耶穌是人子。我非常喜歡她講的這幾句話：「我們之間的溝通已經不再是對話，而是一種能量上的諧調，這個能量上的諧調帶給我意識上的明晰和寧靜，祂的能量就是我的基準點，幫助我與靈魂的神聖核心建立連結。」所以，如果你是靈通者，當然恭喜你；假如不是靈通者，你可以透過這幾句話得到慰藉。**不管是哪一位求道者，你只要跟祂心領神會，就會有相同的體悟**。修那麼久之後會發現，每一本書所講的雖然有不同的技巧、過程，但追求的跟得到的體悟是一樣的，所以我說「與神同心」。

新時代七要素

剛才問了一下大家，並非每一位都已深入新時代思想，為了怕有人不知道

「新時代」是什麼，我就以一九八九年開始經由方智出版社出版「新時代系列」時，我就寫下的一篇總序為本，提綱挈領地說一說什麼是「新時代」。

新時代有七個要點：

第一點，我們皆為神的一部分。

這個「神」並不是在外面的東西，祂乃是一切，我們都在祂裡面，祂也在我們裡面，所以「一即一切」；和舊宗教觀念不一樣，宗教的神是超越的，認為祂是在我們上面，根本不在同一個層次。而無論是賽斯、尼爾或任何其他新時代的大師或開悟者，卻都認同「神是一切、是本源，而我們都是祂個別的具體顯化」。「法」上是如此主張，而在修行的過程中，藉由「合一」的體驗，也真的證實了此點，以後會再詳述。

第二點，你創造你自己的實相。

你用你的念力、你的信念，創造出你所經驗的一切；連你所經驗、接觸的物質的實相，都是你創造的。很多人以為這意思是：一件事情的發生，只是你的解釋、他的解釋不同而已。其實不只喔！是你由內而外地、深入其中創造出來的，既然創造出來，就要承受後果。如果不知道是你自己創造出來的，你就會充滿哀怨地追問：「為什麼這件事情會發生在我身上？」

我們常常會聽到這句話：「為什麼是我？我又沒有做什麼虧心事，為什麼是我？」我以前也常常怨天尤人。看了賽斯書以後，如果還常常怨天尤人、不注意自己的內心，就失去意義了。

所謂的修行不是修佛或別的什麼，是修覺知。你要認識自己，要覺知自己的思、言、行，因為你就是靠思、言、行創造你的一生，創造你的命運，創造你一切的關係。如果你能有覺知，就不需要向外去找理由與解答，而是回到內心，問問自己，為什麼會創造出這樣一個讓自己不舒服的實相。一般人在快樂時就不會多花腦筋去想，享受就好了；不快樂的時候就會回頭想一想，到底發生什麼事情，讓我會這麼迷迷糊糊的害我自己！

第三點，肯定人生的意義。

很多負面的想法使我們覺得活不下去，例如有人對每天要煮飯、吃飯、倒垃圾、上廁所等等，感覺煩死了；還要應付別人對你的投射，以及你自己有沒有正確的回應。於是，就感覺很難在這個物質世界裡活下去。但在心靈方面就比較容易，當你一旦有了覺知、有了體會以後，就會覺得其實很自在、很快樂。很多負面的想法會影響你的人生觀、你對人生的看法，以及你能不能好好地在人生中快樂的學習而不是痛苦的學習。

人生是有意義的。從你的創造與體驗中，你知道你為什麼來？來學什麼？如果我們已經開悟，非常有智慧、同理心、慈悲，那你本來就不用來，已經脫離輪迴這個圈子。當然，有些人是已經開悟，來做導師、來教導示範的，可是百分之九十九的我們都不是。我們是來學習，以便把所有東西都學會了再離開。也有大師說，做人並非為學習，而是來「憶起」我們本來就是神的一部分，憶起本自具足的智慧。

那麼，不用擔心，不管每個人現在是幾年級，都是過程，這一輩子不會是第一次，也不是最後一次。一般人都還是在學習、憶起、體驗，所以，不用批判別人做得好不好，只問自己好不好，如人飲水冷暖自知。

第四點，道德的內在性。

要做好，不是因為有法律要維護社會安定，也不是因為父母師長教導，甚至不是因為宗教上要修功德；這些因為規定才做的，都是造作。

當你真的相信並體會到人性本善，了解有時候黑暗是襯托光明，看來不善的自有其原因與道理；當你找到內心的人性本善時，你會按照那個心、那個愛來做人處世，不是因為道德。一般所謂的道德只是社會的規定，而這類傳統道德都是因應當時的觀念和需要，不是你心裡面自然的善念。而道德的內在性，講的是「自律道德」，非「他律道德」。

第五點，心身健康是種自然狀態。

我七十歲了，有點衰老是自然的。賽斯尤其堅持（其他大師也常講），**我們心裡有問題、瑕疵、不快樂、不滿足時，能量堵塞而不覺知的時候，才會生病，生病是你讓你覺醒的一個方式。**所以我們常常說，一個人得了病，就是敲了一記讓他醒過來。

其實，生病是一個危機更是轉機，如果覺得生病令你很難受，就趕快趁機解決一下背後的問題，這是一次學習的機會。

並非「苦修」才是修，我反而覺得那是否定人性；我們的身、心、靈都要照顧到，不是只飄在半空中，只重視心或靈，這樣可能會自以為清高似的。（嘿嘿，好像有點罵到我自己喔！）做人就好好做，好好體會真善美在人世間的展現。

第六點，環境的保護。

這點以前大家不怎麼注意，現在越來越重要了，是有目共睹的事實。這個地球是個活生生的生命體，而身為其中一份子的我們，在享用其產物之餘，沒有抱著感恩回饋之心，反而濫用物質，積年累月下來，幾乎掏空了天然資源，還造成了雨林加速消失、兩極融冰、海平面高升淹沒陸地，更別說氣候的失常、大氣層的破洞……說不完的恐怖現象。

美國前副總統高爾的《不願面對的真相》（*An Inconvenient Truth*）還沒有喚醒大家嗎？這件事攸關全世界全人類的存亡，人人有責啊！

第七點，無條件的愛。

以前覺得，「無條件的愛」是理想、夢想，在人間很難做到，我自己也常常是有條件的愛。條件有各種各樣，尤以「利」最多，是很現實的。而我真的體會過無條件的愛，那就在神跟你之間，或者是你跟你的存有、高靈之間。你「本源」的愛永遠沒有離開你，祂一直充滿你，只是你不相信。

你可能會想：怎麼可能！我們那麼不可愛又有那麼多毛病！自己覺得不完美、不值得愛，所以根本拒絕去感受，拒絕去相信。這樣的話，即使祂「在」，你也看不見，因為你沒有感受到。

這篇「總序」以前一直在「新時代系列」的首頁，那時，我上樓躲在書房，振筆疾書，讓胸中早已蘊釀了很久的東西流洩出來，至今看了，還是覺得講得相當中肯。

永難忘懷的「見光」經驗

在新時代的領域，有關「外星人」是之前我沒有提到的。很多談外星人的書不能證實什麼，而且很多都是很負面、黑暗、可怕的，我不要與之為伍。我也不覺得「外星人是怎麼一回事」有那麼重要；可是現在美國、英國都解密了，真的越來越多的訊息證明，真有外星人。

以前二次大戰時，很多有關看見飛碟的消息都被封鎖，可是現在解密後，證實確實有這樣的事情，而且這也關乎我們以後會怎麼樣。

我相信他們是善意來幫忙的。大約在賽斯資料的七百多節，賽斯說：在蘇美人時代，幼發拉底河與底格里斯河的兩河流域文明時期，「我們」（外星人）就來了，來幫助人類，教導人類農耕技術、生活技術等等。

對歷史有興趣的人若去研究人類早期的歷史，會發現，當時的科學、藝術、金字塔的造詣等等，都是超乎想像的，即使現在的技術與科學也做不到，這到底是怎麼一回事呢？而且賽斯講過，未來有需要時，「我們」還會再來援助人類。近來，這類訊息和電視節目越來越多，又有許多新發現，真的值得我們注意！

我還曾看見光，那讓我非常地感動，非常地心安。雖然我沒有通靈，可是是有過非凡的感受的。一九七六年，我還沒有回台灣以前，已經讀遍所有有關靈魂、玄祕學的書。自己跟著書上做練習，白天躺在床上，並沒有睡覺，而是徹底地放鬆……忽然耳邊風聲颯颯，好像在坐雲霄飛車，嚇得我差點跳起來。

忽然我聯想到書上講過「出體」的情景，於是我放心地告訴自己：別動，不要把自己拉出來。後來終於停下來了。當時，我整個人沐浴在光裡面，非常亮的光，比任何日光或任何人造光都要亮，那是白色帶金色的光，極亮可是不刺眼，不單純是物理性的光。我當時覺得：那就是了，「That's it」！就是這個光！於是我就安下心來。祂是有意識的，祂是愛，中心好像有個模模糊糊的一團光，但不是人像，你感覺到自己完全被了解、被擁抱，完全平安、心安，沒有任何的煩惱、恐懼，只有無比的喜悅！我永遠不會忘記那一次的經驗。

我也常常有感受到能量的經驗，會感覺到被一股能量所籠罩，有種熱熱的感覺；身上有時也會有熱能跑來跑去，甚至背後由腰到後頸像有一根熾熱的柱子上升。感覺有些像「拙火」上升，卻沒有那些像發病似的痛苦、恐懼的過程。多年前一位自詡「拙火」已開啟的好友，說她已幫我打開了拙火，我也不知道那是不是真的，但覺得心滿意足，這樣就夠了。

萬法歸宗，真理就在日常生活中

我抱著很開放的心，什麼書都看，但我還是最喜歡賽斯。為什麼一直喜歡賽斯？好樹生好果子，歐林的靈媒就是受賽斯啟發的，瑪麗亞跟約書亞的靈媒也是受賽斯啟發的，還有《吸引力法則》的作者亞伯拉罕，我在美國聽到人家訪問他，他說他看賽斯，他喜歡賽斯。

我們也不用分門別派只推崇賽斯，但賽斯可以為你打下很好的底子，他非常的中立、平衡，沒有任何邪見，也沒有要你崇拜，完全不批判。賽斯的「早期課」說「賽斯資料」是一本事實之書（book of facts），並沒有加油添醋。可是賽斯所講的內容實在太多了，範圍之廣之深，像一個大線球，任何一個線頭拉出來都拉之不盡，而在球裡頭又繞成一團。

賽斯一開始就講很多，科學、心理學、歷史、地理、宗教……什麼都講，包羅萬象，廣博深遠，你不知道從何說起，從任何一個地方都可以進入就開始說，所以，沒有辦法整理出由淺到深的規則，而且沒有先修班、進階班。所有的這些新時代的資料，他講得最中肯、最真誠，而且帶著很多的保證、肯定與愛。

賽斯是一個存有（entity），是保護與愛我們的高靈。有關賽斯，大家可以先看我的《賽斯讓你成為命運的創造者》這本書，也可以先讀別本，因為沒有什麼入門、先修，而是直接深入。別的書大多是慢慢地、不會馬上講到很深入，像《與神對話》我很喜歡，可是講的還是「人」的範圍，譬如人、社會、人心、宗教，講人類創造出來的一些組織、理論，比較少講到超乎人類的部分（參見〈後記〉）。

我剛開始成立新時代協會的時候，不被大眾所了解，別人根本不知道我們在幹嘛！我翻譯好多本書之後，才出版了《心內革命》，因為出版社說，讀者一直在問：什麼是新時代（New Age）？於是我才寫了這一本較淺顯的書，來介紹新時代各家思想。

現在很多人都已經了解什麼是New Age，而且，即使不知道理論或不知道各派別的中心思想，在心理上也比較能夠接受，因為很多涉及心靈的電影如《阿凡達》等等，無形中在傳遞這些訊息給大家，一般普羅大眾慢慢接觸到以後，就有熟悉感，也比較容易接受。

以前總覺得賽斯就好，不需要別的新時代的書，它們或者是講究「術」的，或者講究修行、講究技巧，我就會想，這是真的還假的？是唬人的吧？會比較擔心，就有點不想接近。可是後來發現，每個人都在道上，不用去批判別的宗教、別的派別，或去批判沒有宗教信仰的人。我們是萬法歸宗，「宗」就是神，就是一切萬有，就是「生命」本身，就是真理，就是真、善、美，那是我們人類無法去界定的。

人類很大膽、很自以為是，總是以人的眼光去界定：這個神佛怎麼樣、這是管什麼的神佛等等，好像神是由我們分配、封官似的。其實，我們管好自己就好，雖然對一般人來說，要做到這點也並不容易。所以賽斯或新時代提倡說：「**認識自己，就是認識神！**」從自己開始比較容易些，總比認識神容易，因為神那麼飄渺、偉大、巨大，我們從認識自己開始就好了。

我的這八堂課其實很簡單，只是要跟大家分享「我如何認識自己」或「我如何接受自己的不完美」，之後，我的內心得到很大的喜悅。我不想談大道理，真理就在日常生活之中，神佛就在每個人的內心。

第二堂

求道

宗教與心靈的對照

你只要跟祂心領神會，就會有相同的體悟。
而生活中每一件事自有其發生的原因，都在教你一些東西；
自己要去感覺，為什麼這樣想、這樣做，什麼是重要的，
你要慎思明辨，不是什麼通通都相信。

宇宙時空浩渺，大家有緣來相見，今日能齊聚一堂，緣分非同小可。在此一起分享一些靈魂的過程，互相幫助，相信會對我們有所助益的。

今天要講的題目是宗教與心靈的對照——求道，主要講我個人人生過程怎麼會走到這一步。我想很多人碰到困難、打擊時，最常追問：「為什麼是我？為什麼我會有這麼慘的遭遇？」或許到了我這個年紀，就會知道為什麼了。不過，越早知道越好，就不會感覺那麼痛苦。每個痛苦都帶給我們一份偉大的禮物，就看你能不能察覺到，若有察覺到這是一份禮物，內心就會非常感恩。

大家知道我的年紀不小了，但我現在反而比小時候開朗、開心。年紀算什麼？根本就不重要，只是一個數字。

你喜不喜歡你現在過的日子？你喜不喜歡現在的你？你有沒有安住在當下？這才是最重要的。

以前老是覺得，我這輩子過得滿慘的。最近跟一個好朋友說，我的「慘」都是我自己創造出來的；假如從外在世俗的角度來看，其實看不出來我哪裡慘，因為家庭狀況滿好的，一輩子算是順利的，有結婚生子等等，可是事實上那都是表面。我自己為什麼創造出這麼多滿悲慘的遭遇呢？我覺得是我的高我在踢我：「這個冥頑不靈的王季慶怎麼記不得自己要來幹嘛？還在這世上打混！」

不過這個歷程也讓我覺得很開心。我因此比較了解人性，比較了解什麼叫做苦、什麼叫做痛；也比較具有同理心，（註：心理學裡 empathy 中文譯為「同理心」，其實我暗暗感到彆扭，因為 pathy 來自希臘文 patho，是令人產生悲憫之心的意思。而 en 是「同」，所以應該是「同感」、「同情」，怎會是「同理」呢？「理」應是心智的理解和思考吧？）當別人講他的痛苦時，我也體驗過，起碼那種痛苦的感覺我有，我知道你痛在哪裡，我能夠傾聽你，能夠陪伴著你。

亂世、家事、往事

我出生在重慶，排行老四。「季」是因為伯、仲、叔、季中的第四就是季，「慶」是因為我的出生地，所以叫季慶。到二〇一二年以後，我要改名日慶，每天都在慶祝，多活一天多慶祝一天。或者還是叫天慶好呢？叫國慶也不錯！

在那個戰火連天的時代，天天轟炸，炸得一蹋糊塗，能活下來就算不容易了，況且我是在山裡出生的，根本沒有接生婆。

我的叔公——我爸爸的堂叔，是留學法國與英國的法學博士。回來以後就在政府單位擔任要職，他那時候兼了五個職位，國民參政會、外交部長、蔣總統機要官員等等，一直在工作，非常忙碌。我爸爸本來是鄉下孩子，來自山上也是山裡面的小孩，後來因為書唸得不錯，中學時就到北京，寄居在叔公家，一路唸到北大。他把叔公當作自己父親一樣敬重，畢業後擔任叔公的祕書，公事、私事皆一手包辦。因為叔公的孩子比較小，所以我父親就像老大一樣，裡裡外外幫著做事。

我為什麼講這些事呢？因為與我的故事關係重大。我父親好像一輩子都以侍奉老人家倆為重心，可是，嬸婆（我稱她為奶奶）似乎像個不滿意我母親的婆婆，中間梗著我不知道的什麼。多年後父母離婚，她又熱心替父親介紹女友。父親那麼忙，所以幾乎都不在家，辦公地點在政府的要津，對面就是中共的頭頭，他們當時一面抗日一面國共鬥爭。復原後隨政府遷回南京，後來才逃到台灣來，還是避開共黨高官鄰居的耳目偷偷開溜的。到了台灣以後，我爸爸從此唾棄政治，辭去公職，自己開了一家出版社，可是他還是幫叔公料理私人的事情。

兒時因為父親常常不在家，我對他沒有多少印象，也沒有多少記憶。我上一堂講過，小時候家裡的氣氛是很奇怪的，我小時候的照片看來也一臉早熟，雖然是小 baby，可是沒有笑容。

我六十歲那一年，大哥、二哥、姊姊，台、美三方通電話聊天，聊完後大哥打電話給我，告訴我說他們聊了些什麼事情。大哥大我七歲，對當時的記憶也是模模糊糊的。他說，我生下來不到一個月，媽媽就離家；平常爸爸週末才回來，禮拜天會在家。有一天一早大哥一起床，發現媽媽不見了，他跑去問鄰居，鄰居說我媽媽到阿姨家去了。我當時哭得死去活來，哭到昏過去，那時候還是奶娃娃，平常媽媽也沒有給我喝過奶，因為她那時候身體虛弱已沒有奶水，抗日期間民生疾苦，也沒有牛奶可喝，聽說我就喝米湯或糖水。

當時我哭到昏過去，大哥情急智生掐我人中。原來，人昏過去時，掐人中可以把人喚醒（或者扎指尖也可以）！這件事情我以前就聽過，可是再聽我大哥他們談起才知道，原來在生我之前，媽媽跟爸爸感情已破裂。媽媽本來就要離開的，但是過了兩個禮拜又回來，因為如果她不在，我可能活不下去。爸媽他們自此以後雖然同住一個屋簷下，但已沒有夫妻之實，一直到我十歲，媽媽才再度離開。

我好疼惜媽媽，因為我從小就跟爸爸感情淡薄，他也從來沒表現溫暖或愛，我最依戀、最黏的人就是媽媽。那時候我覺得媽媽很可憐，美麗又優雅，可是她有一種疏離的感覺，不是一個熱情的人。我哥哥就說，媽媽總讓他感覺無法了解的樣子……我了解，我知道她就是這樣很單純、不喜歡說長道短、不會串門子打哈哈的人，但還是很愛她。

二〇〇〇年時，我媽媽還在世。而大哥在那年的那天說了這些往事，雖然事隔已久，掛了那通電話以後，我還是大哭一場，也不知道是哭我媽媽還是哭我自己，只是覺得，我這輩子為什麼是這樣子？父母之間跟家庭的變故對我造成很大的陰影，我一直很憂鬱，在家裡不能夠跟任何人聊，認為這個世界上沒有人了解我，沒有人關心我，沒有人愛我。這麼小一個女孩子在家裡是不可以問這些問題的，大家好像有默契似的都不敢講，從來不講，直到我六十歲那時才整個講開來，你可以想像這個家裡面的氣氛有多悶。

孤單的小孩

我們剛剛來台灣的時候，全家借住在台中親戚家，父親則隻身北上找工作。父親離開政府職務後，還在思考要做什麼工作。哥哥姊姊都比我大許多，他們都有自己的朋友，常常出去；我當時才大約七歲，不能去哪裡，如果媽媽也不在，就只剩我一個人在家。一個人的時候，我就胡思亂想，甚至想到死亡的問題，孤伶伶一個人的時候，怕鬼又怕死，有種不能想像的恐怖，完全滅絕的那種恐怖！

那恐懼埋下一個種子，讓我不得不去找出路，怎樣才能讓心裡不害怕，不要還沒死就活在地獄裡。

後來，我小學四年級下學期，全家搬到台北，住在大安區，插班北師附小。北師附小插班算數考了除法，我還沒學過除法，當然就不會了，其他倒是都考通過了。進了北師附小才唸一學期，我已經是班上的模範生了；記得學校有位李老師，她很喜歡我，對我很好。

搬到台北不到一學期，有一天我放學回家時，母親已離家了。我也不知道前因後果，只知道媽媽不見了。家中氣氛冰冷凝固，詭異得很。老師告訴我，她在報上看到了我父母的離婚啟事。父母離婚了，我噤聲不敢問，就悶著。那時候發生了我這輩子永遠清楚記得的便祕事件，便祕到很嚴重的程度；後來我才知道這是鬱悶造成的！我以前只要一講到小時候的事情，就會一直哭，心裡一直有很委屈的感覺，揮之不去。

我在高一時和好朋友一起去看一部電影，叫做《伊甸園東》（East of Eden），是由史坦貝克（John Steinbeck）的著作改編的。看完我從戲院出來，一路哭回家，朋友說：妳怎麼啦？……太痛苦了，電影內容講到：一家失和，媽媽不知道到哪裡去了，老大受爸爸寵愛，老二怎麼努力也得不到父親的愛，每天吃完晚飯就唸

《聖經》。嘴裡講道德至上、倫理至上，可是私底下做了什麼呢？所以，我覺得那些道德跟面子都是假的，用《聖經》、戒律教育你，可是自己做了什麼？

除了我母親不在了以外，我父親的不公平也到了極點。他人是很好，看別人很清楚，卻看不清自己，因為他從來沒發現自己不公平。直到有一年在美國時（那時候我爸媽已經移民到美國去），有一次他跟姊姊說，我的嫂嫂對三個兒子不公平，寵一個不喜歡另外一個。我姊姊聽後一愣，因為她看我爸爸一輩子都是不公平的，而父親最疼愛的人就是姊姊，她最得寵，所以她才敢講，跟我爸爸說：「最偏心的是你耶！」爸爸大吃一驚：「我偏心?!」當下生氣地離開姊姊家，跑到另外一個地方去。

這是她後來跟我轉述的，我當時並不在美國。所以，人是很難有自知之明的，我們常常挑別人毛病而不見自己的毛病。我現在盡量不挑別人毛病也不挑自己毛病，可是有時候還是會犯。

以角色來體驗人生

得了模範兒童不一定是好事，我因此上了癮，這輩子很自立自強，大人不必告訴我應該讀書、應該做什麼，我就已經讀到讓他們受不了，太用功了。我後來考上一女中，考試前我很緊張，因為姊姊跟鄰居姊妹都考上了，假如我考不上，不是很丟人嗎？考上以後第一學期就第一名，這下糟了，上了第一名的癮，什麼都要第一名。

初中時全是第一名，高中就沒有了，高中時有一個人我怎麼樣也比不過她。我是德、智、體通通得甲等，當時這樣可獲照片掛在學校進門大廳處的獎勵，但有時因身體不好，沒法子全勤，而「槓龜」。不過初中、高中六年，也被「懸賞捉拿」（當時開玩笑的說法）好幾次呢！我這樣好像有點炫耀，但看我現在不怎麼樣，可見小時了了大未必佳。

我勸大家不需要追求完美，因為我覺得這是一個瑕疵的世界，你沒有瑕疵不會來到地球，地球就是一個戲院，要自編自導自演，就像演教育劇。或者你去上學，學習你需要學習的東西；或者經由書本學習；更多是經由關係對待，學到種種知識，歷經喜怒哀樂，學到人生的歷程。這都是應該的，每個人都有他的設定，都有他的角色扮演。

我現在的感覺是：不要太認同我們的角色，要靠著角色來體驗人生。也要體驗美好的，不要只體驗糟的；要慶祝美好的，讓自己越來越自由自在、快樂。不要像我常常為了體驗，創造一些莫名其妙的痛苦遭遇，也怨不得人。

我們家裡家教滿嚴格的。我們在台北住的地方，是座日式房子，住家跟出版社是一起的，客廳兼爸爸的書房兼辦公室，我們住在另外三個不大的房間，全是通的，因此即使氣氛不好也逃不掉。我在家裡不太愛說話，可是在學校裡就比較活潑，因為表現不錯還滿得老師喜歡，對我的評語是「動靜得宜」，在家裡就不講話，痛苦的時候就唱歌。

那時候我很會唱歌，有人打電話來時，還誤以為我家開收音機，其實是我在唱歌。當時我嗓子不錯，後來唱壞了，真的，我一直唱，唱到高中後，有一天突然嗓子唱壞，聲音就不那麼潤了，越來越差，高音上不去、低音下不來，只能在一個有限的音域，太低或太高的都不行。記得好像有一次發燒還在同樂會唱歌，之後喉嚨就卡住了。我的耳朵很靈，不會唱走音，雖然已經唱不出來，但是別人如果走音我馬上知道。對於聲音，我特別有記憶，喜歡的歌曲聽過就不會忘記；可是現在，卡拉OK我也不去，因為心癢癢的想唱，卻完全不成調，很慘！

我父親很嚴肅。但後來想想，他其實滿溫和的，從來不打我們，只是他的樣子很嚴肅，他不愛我，所以我會怕他，從來不敢向他撒嬌。他朋友特別喜歡他，都說他是聖人——不只是普通好人，是聖人——因為他把別人的事當成自己的事，總是盡量為人請託，經常幫忙別人，可是碰到自己的事就沒輒，不求助，更不妥協。現在所謂的「牛」——絕不同流合污，因此吃虧只往肚裡吞，這好像是叔公以降，王家人的特色！我後來一直在找答案，應該是：他是中國古人，是很謙虛的君子，自我要求很高，所以他對我們的要求也很高。他把我們當作是他自己的範圍：我是一家之主，是爸爸，這些人都是我的。他不自誇也不稱讚我們，他只稱讚別人，稱讚朋友的小孩，即使實在比我差很多。我不是驕傲，是真的，某一次他拜把兄弟的女兒到我家來，他說：「你看她多好呀！還不多跟她學學！」我心裡想，奇怪，怎麼會這樣講？這樣不是很虛偽嗎？你不用誇我，但是你也不用把我貶得比人家差（put me down），事實不是如此啊！我一直得第一名，德智體群都很好，你還要我怎麼樣？……這實在是很痛苦的事情。

我爸喜歡看英文《讀者文摘》，每期有一篇勵志性的真實故事，他會講給我跟姊姊聽。他故事講得不錯，很好聽，可是講完後一定要問我們，教訓是什麼？真的很倒胃口。所以我現在很不喜歡說教，你看到、你體會，你可以學到什麼就學到什麼，你學不到，那也不是我的事。如果一直說教，反而會有反效果，表面敷衍，其實只是迎合你、討好你，並不一定學到了什麼。

在小學時，有一次姊姊和我被告知媽媽到台北來，住在她一個朋友家，讓我們去看她。我們就撒了一個謊，我們好高興又忐忑不安的偷偷跑去看她。回來以後，爸爸不知怎麼發現了：「你們到哪裡去了？看媽媽去了？那你們為什麼要說謊？就講去看媽媽啊。」我們當然沒有反駁，才不敢呢！但是我心裡想，假如我們說了，你會讓我們去嗎？因為，家裡從來沒有給我們溝通、解釋的機會；不知道發生什麼事，又當作是件不可說的事情，我們當然要說謊。但在我們家，「要誠實」是第一戒，說謊是絕對不被允許的，所以就被臭罵一頓。

我讀北一女中時，中學是六年制，我直升高中，不用考試。初三時我母親回到家裡來，因為父親心臟病開刀，哥哥說服她回來住。我母親離開的期間也沒再婚，跑到靜宜大學的附設幼稚園去教外國小朋友，因為她年輕時在北平唸的是教會女中，修女們用英語教學。她回來照顧爸爸，可是他們還是有隔閡。我很佩服我媽，在隔這麼久之後，還是願意回來照顧我父親，這個家好像又變成一個完整的家。

罪與恐懼

初中時，我已經受洗進入天主教，我看了很多聖女、聖人的傳記，我又是個求完美的人，很羨慕這樣的德行，不管是聖德或是在人間所行的善事美德，我都覺得太棒了，可是也很自卑，覺得自己不可能像他們那樣，真的很慕天主之聖道，喜歡那些美德。

從小學到初中、高中，我把文學名著都看光了，那時候情竇初開，不免懷有種種浪漫的幻想。

當時每週望彌撒，要無罪才能領聖體。天主教的聖體是指，祝聖後的麵餅已成為耶穌的肉體，即所謂「吃我的肉喝我的血」，在基督教只當成是一種紀念的儀式，並不以為真，天主教卻很嚴格且當真執行。

要領聖體的人必須沒有罪，否則去領聖體就犯「人罪」，所謂「大罪」就是死後要下地獄，當然，你去告解，被赦免後就沒罪了。可是我後來發現一個問題：去辦告解前要先反省，先仔細想你有哪些罪，列舉出來，於是我就越來越神經質，我的毛病就出來了！因為思、言、行都要反省到。「行」比較簡單，你可以很清楚有沒有打人，可是「思」，誰知道？連我都搞不清楚。你越抗拒一個想法，它越來糾纏，你覺得這是不潔的想法，拚命抗拒，可是什麼叫「不潔」呢？又很難講。所以那時候腦子很混亂，越混亂越急，越手足無措，也不清楚幾次有不潔的想法……這很恐怖，假如你告解有所遺漏，就是欺騙，欺騙就是大罪了，你又去領聖體更是罪上加罪！你當場如果不死還好，死了就下地獄。可是如果你害怕所以不去領聖體，那每個人都知道你有大罪！

這個磨難在我心裡面投下很大的陰影，如果沒有經歷過，你不知道那種恐怖；假如你真的相信是這樣，那不管你是在人前還是神前，你都不純潔、不完美、不聖潔，都是有罪的。可能剛剛辦完告解，又馬上來一個不該的念頭，怎麼辦？你要再回去告解一次嗎？我就是因此神經越來越衰弱。

後來辦告解時，我往往冷汗直流！最後終於受不了了！有一次我在神父的辦公室裡跟他說我這個問題。神父很好，也沒責備我，當然他的經驗比我們多，他說：你這個是細心病，太細心了，拿著放大鏡、顯微鏡檢查你自己有沒有罪。後來我學習諮商時了解到，這是「強迫症」，所以我也有強迫症的經驗。

「強迫症」會把自己搞得死去活來，越不該去做的事情，你越會「認為」自己想要做，你會覺得自己有這個欲望，很想做一些壞事。可能是這個緣故，我後來就越來越疏遠天主教了，因為在那種心態下，我覺得做不到那種嚴格的要求，很難活下去。這也算是件好事，讓我體會到什麼是強迫症，會同理有這種感覺的人，我知道那個感覺有多麼恐怖。

後來我年紀更大後，才知道這些都是教會的規定，不是神要求我們的。我既然不要這些規定，我就不要天主教了，所以認識到新時代思想的時候，我大喜過望：「太好了！」居然有種思想，只要不是去做什麼壞事，允許個人有可以呼吸的空間，有可以犯錯的空間，有可以面對真實自己的空間。賽斯說得好：「沒有那麼多罪、懲罰、地獄，唯一就是不要殺人，不要侵犯別人，要尊重自己也尊重別人！」這些想法只是觀念，把這些觀念融入你的生活裡，你就會發現，**生活中每一件事自有其發生的原因，都在教你一些東西；你自己要去感覺，為什麼這樣想、這樣做，什麼是重要的，你要慎思明辨，有辨別力，不是什麼通通都相信。**

現在新時代有一派主張說，不要用頭腦，只要感受。這太偏了，太過與不及都不好，全部不用腦子，那就不用做人，做動物好了。做動物是很好，可是現在你是人不是動物，那怎麼辦？人跟動物不同，動物是在自然的恩寵狀態，你應該沒有聽過動物會犯罪吧！動物也做很多奇奇怪怪的事情，可是那不叫犯罪，那是牠們的天性，動物只要順從天性就好了。

只有我們人類會不斷思考與判斷，要不殺人、不害人、不生惡念、不怨恨。恨不是罪，千萬不要搞錯，只有殺人才是罪，別的大多關乎品德修養，那是從心感受的事。例如不要害人，那是發自內心的，因為他跟你都是肉做的，彼此都是兄弟姐妹，以這種心出發而不是遵守某種戒律、條規，自然就不會去做害人的事情，也不會害你自己。

逼上梁山，轉進新時代

有一件事，對我來說是非常嚴重的，你們可能沒有辦法體會。我從小學到中學都有口吃的毛病，可是我現在不記得是怎麼開頭的了。我小學畢業的時候，在三省小聯合畢業典禮上，我還代表致謝辭呢！講得不是很好，那時口吃不嚴重，只是情緒緊張，只靠背稿，情感的表達不夠。到了初中的時候越來越嚴重，雖然不記得是怎麼發生的，可是一旦有這種情況，就很難治癒，越緊張口吃就越嚴重，越口吃就越緊張，然後就不敢講話、不敢發問。自己不發問還好，可是老師問你的時候呢？就緊張得講不出來。

我英文、國文都非常好，高中時，英文老師要大家輪流唸一段課文，我連看著唸都唸不出來！我口吃到這種程度，這個事情是我生命中最羞辱的事，恨不得有個地洞鑽進去，如果不是親身經歷，你不會了解其中的痛苦。明明你會，明明你行，可是你講不出來！

後來看賽斯的最後一本書《健康之道》，發現有一段關於「自相矛盾」非常發人深省的話。他說：對於「力量或能量的利用」有強烈的矛盾信念，並且有時擁有特多要求被利用的「精神及身體能量的人」，……活在相反的目的中，他們決意同時既表達自己，又不表達自己。……他們相信，自我表達是危險、邪惡，且必然導向受苦的。……他們因不能炫耀自己的力氣和力量——反之卻「被迫」做出一種有時顯得嚇人及羞辱的行為，而對自己狂怒，患癲癇的人如此努力要做得最好，以致他們結果有一種非常不平順的、抽筋的身體行為——「口吃」是同類活動的一個非常溫和的例子。

就像有部電影《王者之聲》（The King's Speech），我完全了解他的痛苦。大家都在等他講話，他講不出來，大家覺得很好笑。假如我不是那個人，我也會覺得好笑，就好像有人摔一跤你也會覺得很好笑，那個笑不一定是惡意，只是就會笑出來。但當事人卻感覺羞愧到極點，那種痛苦，非親身體會不知其心酸。

我本來很喜歡英文，初中英文老師也很喜歡我，可是高中英文老師就不喜歡我，因為我口吃，無法表現，這是滿大的影響。我本來比較喜歡文史，也許考慮讀外文系；可是苦於口吃讀不出來，演講什麼的都不行，我就不敢去考乙組。後來挑了甲組，唸了建築系，那卻是「自作孽不可活」的另一段生命歷程。

我從小專門跟自己過不去，現在好多了，沒那麼怕了，都已經這麼老，還有什麼好怕的！以前我是越緊張就越不行，往往冷汗直流……我為什麼要一直講這些事情呢？我這一輩子表面上一帆風順，可是為什麼每件事情到後來，我想做都沒有做到？後來我想到，就是因為別的事都做不到，把我逼上梁山，所以我才轉向 New Age。

我的挫折有哪些？我如何把挫折的阻力變成助力？阻力是對於我喜歡的事情的阻力，比如英文、演說等等；助力就是逼得我無路可走，唯一的路就是求道，因為太痛苦了，只好求道找解答、找解藥。

另外，我從小能歌善舞，喜歡唱歌、跳舞、音樂，可是爸爸卻不許我學音樂。當時家境也不是很好，爸爸開著他的一人出版社，沒有錢沒有鋼琴。我告訴我爸說，在學校裡學很便宜，我可以在學校裡練一下琴，他就說：「不可以！」我也不敢理直氣壯的問：「為什麼不可以？」他只說：「你太忙、身體又不好，不行！」一直到初二升初三，我母親回來時，我趕緊逮住機會再去問他。其實我每年開學都會問他一下，他這回可能心情好，也看著我媽媽的面子，就同意了，所以我就在學校學琴，在父母的一個朋友家練琴，因為他們家離我家很近。

這樣子學了兩年，我進步很快，到高一結束時，已彈得還不錯。可是要升高二了，我選了甲組，因為實在沒時間練琴，就停下來；嗓子壞了，也無法唱歌了。另外，小時候我看電影《紅菱豔》（改編自安徒生童話《小紅鞋》），芭蕾舞姿態優美，羨慕得不得了，曾想學芭蕾舞。爸爸就說：「學那要幹嘛，當舞女啊？」難以相信會有爸爸這樣子講！我爸是個好人，但是個老學究派，我實在搞不懂他，所以一度很叛逆。我覺得這些是我天生喜歡的，陶冶美感，陶養性格，有什麼不好？可是他不讓我學。

每年暑假，他都要我們學一樣東西。我學過洋裁，也學過縫旗袍，大學畢業典禮穿的綢旗袍就是我親手裁製的呢！還學過游泳、英打……到了初三升高中那一年暑假，我沒事做，他終於讓我去學芭蕾舞。學了幾個月吧，敗下陣來，因為初三已經十五歲，一些基本動作做不來，就放棄了。

熟識我的人都知道，我是很耽美、很愛美，從骨子裡滋生的愛美，所以前幾年組過一個小團體叫「金星天使的耽美角落」，讓愛美的女生（女人來自金星）參加，分享人生的種種美感經驗。

對於美的事物，我都非常喜歡，可是碰到這樣的家庭，我就想撞牆，完全沒辦法。這些給我什麼啟示呢？我一直在問自己為什麼？一直到現在，我覺得就是要逼我上梁山，不然還有更好的解釋嗎？我想是沒有。

我的個性其實有兩面：表面上內斂優雅，這是天生的，比較像我媽媽；但內心其實很熱情、活潑、狂野，但壓住這一面，一直出不來。這不是造假或造作，而是一種內外的矛盾，內外不能應和，變成一直覺得很孤獨、很憂鬱。還有，我喜歡且很有興趣的事情，唱歌、跳舞、音樂、鋼琴等等，如果其中任何一樣能讓我真的持續去做，非常努力去學，也許就會變成那些個領域的名人吧！

不過，興趣雖強，才氣不一定能配合，像我又矮又比例不佳的身材，真要去跳舞，就算舞技還不錯，可是身材太差也不行。如果年輕時讓我做其他任何事情，而我能出人頭地，我就會一路鑽進去，可能也會快樂，就可能不會再花時間研究 New Age，就不會有今天的王姐了！福焉？禍焉？

與建築的因緣

我唸建築系的原因，本來是因為我從小很會畫畫。如果給我一張彩色畫，我可以畫得一模一樣，臨摹技巧很好；寫字也不錯，寫毛筆字都是得甲被貼牆上，因為我就是會臨摹，學得一模一樣，所以「自以為」很不錯。

我是後知後覺型的人，我當時以為自己不錯，小學、中學的老師也都覺得我不錯，我的畫連老師都讚嘆。後來到建築系才知道，建築是要想像、要放得開，就是要充滿創意。我卻創意不足，空間的「觀想」、「視覺化」更差。三度空間我想像得出來，不會迷路，可是要畫腦子裡的3D，我畫不出來；以前沒有電腦繪圖要用手畫，我畫不出3D透視圖，只會畫平面，沒有3D的感覺。畫不出來，心裡很痛苦。這次我又對自己再度失去信心，即使我很拚，拚命唸書，學業還好，可是設計卻沒有那麼好，我覺得我唸錯了。還有，最糟糕的一點是：要講解（presentation），要說明作品的設計理念。又完了，口吃讓我根本講不出來！我真是吃夠了這種苦頭、羞辱。

人家問我，你學建築有什麼心得嗎？我說，我學建築只有幾種收穫：一是我嫁了個建築師，二是生了個建築師，三是我培養了很好的審美眼光。

後來在美國，就在家裡相夫教子。剛開始還好，但後來跟我前夫感情疏遠了。在台灣時他是我學長，對我非常好，我也很愛他，我們感情曾經非常好，彼此很熱情，我很崇拜他，他也很欣賞我，可是中間發生一些事，感情就淡了。

在美國時，因為我們家只有他在做事，他變成麵包供應者，家中經濟來源。這種情況很可怕，只有他一個人在做事，一旦他生病，經濟來源就沒有了。怎麼辦？而且我們去的時候是六十年代後期，建築師表面看似風光，懂得美學、數學、建築，簡直是不得了的行業，可是可能找不到工作；他還好，找到工作，可是他很不安，心裡不踏實，常常擔心恐懼。

他很不喜歡美國，討厭英文，也不喜歡美國人，一直想回台灣來，後來遇到一個機會，就回台灣做事三年。本來他說半年就回美國了，我就讓他先行，再整理家當，儲藏起來，再帶兩個兒子返台。這段期間我為他受很多罪，拖兩個小小孩，一個只會爬，一個剛會走。他回台灣以後一拖三年，那時候每年都要回美國報到，不回美國會喪失綠卡資格，喪失一次就不能再申請，很嚴重。我就問他怎麼辦？考慮再三，後來還是全家又搬回美國。

一段無法自拔的戀曲

《與神對話》的作者尼爾（Neale Donald Walsh）的「與神」系列非常動人，內容和文字都令人激賞。可是到了他《與神為友》那本，他講自己的歷史與人生過程時，我覺得他實在是一個不負責任的男人！不過後來他還是變得很好。我的意思是說，我跟他差不多，我不會通靈，做人也不怎麼樣。你們聽了這些過程，可能會覺得我這個人怎麼這麼大膽，居然把這麼不堪的過去跟大家講！因為那些不堪的過去，促使我去求道；因為求道，才有現在的我；因為我喜歡現在的我，我寬恕以前的我，希望大家看在我「坦白從寬」的份上，也寬恕我以前種種的胡作非為。

像我們讀書，很多書裡的理論都非常好，可是那是訴諸理性，是從知識入手；必須經過歷練才會轉化成智慧，你才可以看到、做到、了解到書裡講的是什麼，而不只是在文字上斟酌。像我現在看書，常常會「哇，就是如此，就是這種感覺」！我經歷過，心領神會了，覺得值得。

接下這段，要開始痛苦辨告解、流冷汗了。

多年來，一直有人好奇，到底碰到什麼事情，讓我轉而接觸新時代？我其實是碰到生命中一個痛不欲生的事件，才轉向的。

第一次我們回台灣快滿三年、還沒有回美國的時候，碰到一個人，他到我們事務所來找我前夫。我現在還記得他的樣子。當時看到他，我就被迷住了。他是男的，但太美了，他安靜地站在那兒，只看到他的側面，我看一眼就掉下去了。後來才知道，他是一個很有才氣的年輕建築師，氣質高貴，像個小王子。這位小王子真的是影響我很大，我對他一見鍾情，但是他是 gay，我知道他是 gay 時已經來不及了，我的心已經捲進去，無法自拔，我的理智已經救不了我。假如事先知道他是 gay，我可能不會掉進去。

過不久，我們全家就回美國了。幾年後他也去美國唸碩士，唸完碩士就到我前夫工作的事務所做事；他在美國沒有什麼朋友，就常常到我家來，近水樓台，我更一發不可收拾。後來被我前夫發現，他問我，我無言默認，他也能夠了解，因為他是建築師，同樣有審美眼光，他身為男人，也覺得他有吸引力。他是 gay，同時吸引男性與女性，雖然 gay 平常不會吸引女生，但因為我生性愛美，美對我有強烈的吸引力。

後來我前夫去跟他談，得知他已有自己的生涯規畫，他一年後就要離開，我前夫也大方的同意讓我們交往。我們談了一年的戀愛，有很多很美又很痛苦的記憶，畢竟這是一件很不自然的事。我隨著熱情去發展，但又設有一年期限，當期限一到，他一走，我就完了。

他離開後，我一個人痛苦得活不下去，當時孩子才小學三、四年級，也不能丟下不管。小王子占據我的腦海，占滿我的心裡，甩不開，理還亂。我不會尋死，但心已死；我不會自殺，因為責任未盡；而且不只是責任，我深愛我的孩子。

讀書是心靈的解藥

我一向喜歡看書，所以帶著孩子們去圖書館借書看時，我自己也順便借書。當時太痛苦，普通的藥也解不了，一定要很玄奇、重口味、很特殊的藥，所以我就開始讀一些玄學的書，因為玄學最怪，怪力亂神，好像在讀武俠小說，讓人沉浸其中，忘掉現實，這是我那時的解藥。

我從二十世紀初英國的通靈學會，到神智學會，東方西方各種鬧鬼的、通靈的書通通都看，有的還不錯，有的胡說八道；看多了，慢慢地就培養出一種品味，就知道什麼講得比較可信。那是開架式圖書館，這一類的書約有兩、三個書櫃，因為我看書速度滿快的，全部看完了，結果沒書可看，於是開始看賽斯。

在此之前對賽斯完全陌生，一直沒去讀，也不知道「賽斯資料」是什麼，厚厚一大本又沒有圖畫，是什麼東西呀？不看。後來實在沒書可看了，只好借回去看，看了就豁然開朗，得救了！

沒有死到臨頭，人不會去找解藥，所以，這個痛，痛得有道理。給我這冥頑不靈的人這麼重的打擊，我終於真的去求道，終於找到了賽斯及新時代。這發生在三十六歲時，即「Messages from Michael」（麥可資料）說，一般人會確定自己「志業」的時期。

奉勸各位，遭遇任何打擊，並不是不要悲傷、發洩、求慰藉，而是這些都做了以後，要去想想原因：這些打擊對你有什麼好處？這是事後諸葛，當局者都是迷惘的，看不清現況。以前要事過境遷之後，才會了悟，沒有敲不會醒；我現在年紀長了，比較能拉到一個高度看事情。

這種求道或是閱讀本身，就是一種逃避，因為人碰到痛苦就自然會逃避，不管身或心的痛苦都要逃。每個人都有不同的逃避方式，極端的方式就是上癮，上各種的癮，都是為了逃避痛苦。「上癮」是一種麻醉劑，靠著它度過一日復一日，起碼平安過一天，讓你沒有去跳樓，就這麼簡單。

還好我沒上別的癮，沒有煙癮或酒癮，也沒毒癮或藥癮，我都試過，都沒上癮，那些都免疫，但除了愛情。我進入一段感情後只對一人專情，儘管交往期間我也會看一看、欣賞其他的人，但僅止於欣賞。

後來我們全家都搬回台灣，因為我前夫最後還是決定要回國做事、找機會，終於擺脫美國。我覺得美國經驗很好，不同民族的人真的不一樣，美國人比較直，心理比較年輕，比較胸無城府；可是我前夫說他比較不了解美國人，比較了解中國人，中國人鬼頭鬼腦，心思複雜、暗中較勁，他反而懂！所以他找機會一定要回來台灣做事，結果有一個很好的機會。

我們家完全以他的事業為第一優先，他有任何決定，我都是以他為優先考量。他覺得應該回來、換個職業，我都會說：你決定了，我就帶孩子跟來。對他來講這是很重要的。我們家是以先生為中心點，有的家庭是以小孩為中心點。

我剛回台灣時很悶，有一天我把我們家的儲藏室全部漆成黑色的，從天花板、牆面、地面到所有家具擺設，通通都是黑的，然後我就在這樣的空間開始翻譯。

開始三十年的翻譯和推廣「新時代思潮」的生涯

第一次返台時，有一陣子，我前夫到日本負責一項重要設計，整整八個月沒空回家。半夜兩個孩子睡了，我沒事就翻譯《先知》，這本書我很喜歡。後來《婦女雜誌》的發行人看到我的文章，很喜歡，就向我邀稿，替他們寫專欄。十年後第二次回台灣以後還寫過《仕女雜誌》的專欄，同時我也開始翻譯第一本的賽斯書《靈界訊息》（*Seth Material*）。我自己有興趣，每天閉門翻譯，有人問我：你整天待在黑漆漆的屋子裡，不難過嗎？我說很舒服，黑色讓人感到寧靜、沒有干擾，不致分心。結果前後幾年間翻譯了三本賽斯書，中間也去練瑜伽、參加超心理學會。看書是一直持續的習慣，我每年都要回美國看看父母、親友，逛逛書店買書回來，自己先看一遍，覺得喜歡的就會試著翻譯。

後來一九八九年跟方智出版社合作，開了「新時代系列」，中間也遇到一些學佛、學道的朋友相互交流，志同道合者，就一起做新時代系列的書。在這個過程，我引介這些書，比較了宗教到底跟心靈有什麼不同。如果想知道我深入心靈與宗教的過程，以及為什麼選擇新時代而非宗教，在我的第一本書《心內革命》裡都講得很清楚。

不是說宗教不好，有的內容非常好，可是我不要那些組織與架構，因為那是人為的限制、人為的詮釋。比如說經典、佛典、聖經，到後來，都是門徒、學生加以詮釋，每個人的詮釋帶著他自己的色彩、自己的看法、自己的解釋，我就直接萃取菁華好了，為什麼一定要聽別人的詮釋？這大概就是所謂叛逆吧。經典的原義是好的，但流傳到後來，被後人加上太多詮釋，染上太多人為色彩了。

可能求道的人都有點叛逆，已在宗教裡的人，也許比較不會。不管在情感上叛逆，或在求知上叛逆，或其他地方叛逆，叛逆不是不好，可是為叛逆而叛逆就不好。我自己曾經有過一段這樣的時間，是為叛逆而叛逆，意氣用事，耗費自己的時間精力、消耗自己的生命。

其實不需要叛逆，只要辨別是正的，這我就相信。有些胡說八道的人，他要錢、要權、要色、要個人崇拜，是不好的就不要跟隨。我覺得人都是一樣的，基本上大家都在過程上，你要怎麼走，是你來以前就設定了大方向、大架構，中間有你的波折起伏，你會因為這個波折而學到很多東西，到最後反而覺得有趣，好像就該如此。但你當時可能覺得莫名其妙，不解的是：我為什麼要生這場病？我為什麼要失戀？為什麼上帝如此不公平？怨歎自己命運不好。若有這樣的疑問，可以看《靈魂的旅程》那本書，內容很有趣，我個人覺得講得很真實。

還有賽斯的《靈魂永生》，講生前、死後的一些重要關鍵，都講得非常好。賽斯是很不容易讀的，可是我勸大家，看賽斯的時候不要急，不能囫圇吞棗，賽斯敘述的是事實，說的是宇宙間的原理原則，我們不見得理解，不是那麼好消化，尤其是碰到宇宙學、物理學、量子力學等等，不是那麼容易懂。不懂沒關係，就像碰到一塊咬不動的食物，先放一邊，看得懂就看，看不懂先跳過去，但一定要繼續看下去，一遍不夠，兩遍、三遍，與此同時也可以參看其他的書，不見得要看這麼深的。我覺得賽斯真的是很好的書，凡是看懂的，都會讚嘆其精妙！

還有人認為賽斯書是現代佛典，只是用字遣詞、說法不同，其實內容是一樣的。

賽斯說的 Speaker，我們譯為「說法者」，賽斯說，一旦你是說法者，你每一世都是說法者，不一定是以演講的形式；在你生命中，你會做別的事情，但其實你還是說法者，只是範圍大小方式不同。大的說法者如佛陀、基督，都是已經開悟得道的人。賽斯也是說法者，有人說要拜他，我說不要拜，我們不要「造神」，他喜歡做老師，他很會講道，又很幽默，實在是很棒的一位「說法者」。

人有很多面，基本上分成理性面與情感面。情感面如直覺或感受，一些講不出來的感情（feeling），但你不能只偏一邊。求道當然是好，但是每個人求道是不是都要變成大師呢？每個人有自己的天性、天命，做你最喜歡、最快樂的事就好，不用每個人都變成老師，不然到哪裡去搶學生呢？

合一大學的靈性洗禮

講講合一大學的經驗吧。事情發生得很巧合、很有趣。二〇〇七年新時代協會內部發生很大的鬥爭，有人放不下權與利，一直想要抓住，協會是大家的、不是個人的，應該輪流做；也不是崇拜某一位老師或大師的地方，是服務的地方，一個開放各家各派表演的舞台。因為每個人的需求不一樣，並非你的真理就是唯一真理，甚至連說「真理」我們都很戒慎恐懼，都不敢說這個就是「真理」（不過的確是有真理）。我當時碰到這樣的狀況，很複雜的糾結實在難以為外人道也，現實和理想有落差，即使是New Age也免不了人性的考驗。雖然我心裡很難過，可是沒有辦法，我那個時候的心情很低落。

無意間看到李欣頻寫的《夢・前世・靈魂之旅》，她講述她在合一大學的經過，講得活靈活現。如果只講那邊的狀況或做法，對我沒有太大的吸引力。為什麼會吸引我呢？那是因為，書中每一章每一節都提到賽斯的書，她推崇她在印度合一的經驗，並證明賽斯講的是對的，我就心動了。人在最低潮時，需要一些安慰、支撐，於是我就對自己說：好，去合一體驗吧！既然她講說跟賽斯的理念這麼接近，那我就去試試看。

那時，合一大學有規定，二十一天當中，不可以說話，大家通通住大統倉，好像宿舍一樣。我想，完了，二十一天不能說話！我雖然不太愛說話，可是二十一天都不說話，又有點太過分了。加上大伙兒住一起，同一間房，那更是完了！我根本連跟人家睡一個房間都不行，那一定很慘。接著又想到，我去過印度好幾次都熱得要命，室內有冷氣但戶外依然很熱。儘管如此，心一橫，我還是下定決心去了。

結果我覺得很有趣。後來再想，這豈不就是一個過程：跟人鬧翻（breakup），然後崩潰（breakdown），所以去印度，結果竟然就突破了（breakthrough）。因為這是很痛苦的狀況，逼得我要去找支撐，終於得到突破，不可思議！

賽斯說到痛苦（suffering），人都很怕受苦，可是人生一定有苦，怕痛苦所以一定會逃走，想出各種方式逃避。合一的方式就是：不可以逃避，全部的過程就是深入體驗，不講理論，就是經驗再經驗。不管身或心，痛的時候、快樂的時候，就是待在那邊跟心在一起，只要這樣子就好。只要你保持這個勇氣，就會突破，到時候不管是什麼痛，都會消失，然後喜悅自然升起。很像神話，可是真實是如此。

回來後我聽到「內觀」，內觀其實跟那個意思是一樣的。去參加內觀，十日當中不可以講話、不可以看書，什麼都不可以，只能在那邊觀你自己的內心、身體、想法，其實與合一有點像。但合一沒有內觀那麼嚴格，期間還是有一些課程，那些課程是所謂的「術」，術就是一些方法、技巧；我比較喜歡「法」，就是原理原則，小自生活，大至宇宙。

經過二十一天，到後來就覺得不講話好舒服，沒有干擾，默守內心、靜觀，感受而不批判。可是會有人偷偷講話，還一直要跟你講，可能因為女生比較多，女生愛講話，不講話很難受。

去印度前，有一個六日的準備課程，類似工作坊，主要是把你過去的痛苦一起清理。合一一天到晚在講「受苦」與「關係」，他們認為除非離群索居，不然活在人世，你一定處身在各種關係中。出生時，父母、家庭關係；接著，朋友、師長、配偶、工作關係，上司下屬關係。關係如果沒有處理好，你就沒有辦法得到喜悅。準備課程裡，設計了各種遊戲，身體的、動態的或互動的遊戲，讓你把內心苦悶的東西全部挖出來，看見、發現、接受你的狀態。所有的痛苦都要被看見並正視，然後接受「你是有這個痛苦的」，你可以哭出來，可以吼叫吶喊，然後在心裡或實際上與之和解。

像我父親已經走了，我就在內心跟他和解，可是先要請他來，吵一吵、罵一罵，哭一哭、叫一叫，這是一種治療的過程，讓你不要悶住，悶的話就會生病，疾病都是悶出來的，所以就讓你的情感流動吧！真情流露，是有幫助的。

內心的療癒來自無條件的愛

我去的時候是一個傷兵，很受傷。到了那兒之後我像一塊冰，沒有痛苦沒有感覺，呈現結冰的狀態，心裡有個洞，空空的，感到很痛。後來合一講的一些東西挑起我的感受；到第三天，我自己在靜坐的過程，就忽然覺得心裡滿了，不痛了，整個是滿滿的愛。那個愛不是男女之愛，也不是父母的愛，是無條件的愛，我是被愛的，我一輩子求道，就是在追求這個愛。所以，「得不到愛」也是一個推力，假如你活得很順利，活在滿滿的幸福裡，你還有什麼所求？就沒有什麼好求了。

我在很順利中給自己「創造」各種難題，自己一直體會不到、一直在求的這個愛，最後終於在「不找時」找到了——當時我並沒有在找，我已經死心了，覺得就這樣嘛！忽然之間，那個愛就來了，就感受到我是被愛的。在那個神聖恩典（divine grace）裡，有從神來的、無條件的愛。

恩寵（grace）的意思是說，沒有經過努力，沒有經過祈求（並不是做了這麼多善事、積了這麼多功德、努力了這麼多年，請祢給我一點甜頭嚐嚐），祂就是無條件、白白的送給你。人間幾乎沒有這種東西，雖然不是絕對沒有，但是很少，人間的感情很多時候都是不純的。像我這種心理有潔癖的人，一直想要那種純然的，不是基於利益交換、不是討好、不是計較的那種情感。不假外求，祂宛然就在，就感覺到了，是心裡面的真實感覺，感受到被愛的喜悅，那個喜悅就是「突破」（breakthrough）。

第一次愛上自己

從合一回來後，經過三年多快要四年，還是很喜悅。並非一帆風順，也曾被人一而再地挑戰我的「底線」。令我自己也驚訝的是：我不在意了，我只是「靜觀」其變，不再憤憤不平，不再把心揪起來。我寬恕這種行為，甚至感恩，正因為「太過分了」，所以令我切得乾淨。對方必然有執著放不下的地方，那麼，那只是他選擇的功課，與我無干！

我覺得好像把一些東西打開了，把一些東西丟掉、不要了，那種平安、自由不可想像！第一次愛上了自己！以前都是愛上別人，現在是第一次愛上自己，覺得不錯嘛！雖然有瑕疵，我還是得到愛，不管值不值得，我就是得到，那是我的感覺。從那時起，覺得心跟腦、智慧跟慈悲、被愛跟愛，都要同時體會、擁有、經驗。我覺得活夠了，人生不虛此行！很快樂！

印度詩哲泰戈爾是一個非常有宗教情操的人。有宗教情操的人，不見得有宗教信仰，信仰是：你有了就有了。我們這種比較想要追求、一定要打破沙鍋問到底的人，比較會有宗教情操；或者是對未知、對愛、對美有一種憧憬，你就有宗教情操。

泰戈爾的詩美極了，他是個一心求道的人，以「想要追神」聞名。有一次有人對他說：

「泰戈爾，你不是要追神嗎，神來了！」

「真的，在哪裡？」

「在某一個房子二樓某一個門牌號碼，神就在那裡，你去找祂吧！」

泰戈爾開心極了，他找了一輩子神，沒想到神出現了，就趕緊跑去。到了門口正要敲門時，他突然停住，想了一想後，轉身下樓。

他轉身下樓，為什麼？他說，如果我敲門，門開了，神在那裡，那要幹嘛？遊戲結束（game over）就沒得好玩，沒得好耍了。玩了一輩子，求了一輩子，辛辛苦苦上窮碧落下黃泉，終於祂真的出現在面前時，game over，這個求道，到底是真的還是假的，所為何來？

這給大家一個借鏡，可自己體會一下。我覺得這很有意思。

我當然覺得求道是一個過程，是很好的，可是不用太嚴肅，不用認真到死也要找到不可的樣子，那可能反而找不到。

不少大師都耳提面命要以「遊戲」（Palyful）的態度過生活，從賽斯到尼爾都強調此點，所以像我這麼事事過於認真的人，求道才那麼難！就算得道了又如何？你要怎麼樣？你預備怎麼樣？要出家了嗎？還是要幹嘛？以後的日子要怎麼過，這個才重要。悟道的狂喜之後，往後的日子呢？**你要怎麼活出你內心的平安喜樂，那才是更重要的！**

第三堂

與神同心

成佛是不可避免的

所有的修行，最終都是要我們「覺知」（awareness）。
處理外在的事情必須要用頭腦，必須要努力；
可是內在的世界是不需要努力的，
反而需要放下、臣服，需要接受恩典與隨順智慧。

上一堂課講到求道、問道、成道、宗教與心靈的對照，在此還要再補充一些資料。賽斯給我很大的影響，就是：什麼事情都可以從正面解讀。他的正面思考不是一直用肯定詞而已，而是講解得很透徹，鞭辟入裡，聽了覺得很有道理。其實，賽斯的《靈魂永生》並非無法理解的，只需要有足夠的熱心加耐心，略過看不懂的，最後你一定也會與我一樣，大呼：「朝聞道，夕死可矣！」

他說，你每一輩子來，都是在演一齣教育劇，我們常常是自編自導自演，但是大家多半不覺察，也常常忘記要去「觀劇」；一邊在演出的同時也要抽離出來，觀看自己的角色演得如何。人生來世上是上舞台扮演角色，這點在《靈魂永生》和《靈魂的旅程》裡面都講得很清楚。

人間道＝求道的過程

這些年來，我有時候靈感一來，就會發明一些話，比如說「成佛是不可避免的」。這句話聽起來好像很猖狂，其實意思不是「你這輩子一定成佛」，而是只要相信輪迴存在，成佛「終究」是不可避免的，但不是現在馬上立地成佛。不管你是否覺得自己現在還不夠好、不夠有智慧，都沒有關係，因為這是你靈魂的安排。你的存有安排你來經驗地球三次元這樣一個世界，經驗了以後，你才會慢慢從中咀嚼、吸收、了解；最後，終究的悟道是不可避免的，所以成佛也是不可避免的。

求道的過程中，不用擔心自己智力、領悟力夠不夠，或有沒有通靈體質，其實**每一個人都走在他該走的路上**，也都在他的求道之路上。**不管你有沒有求道，人間的道路就是一個求道的過程**，這是在你來到這個世上之前就設定好的，不是宿命論。

算命講到六親，這也是你來這世界前已經選定的，你選擇這樣的父母、這樣的環境，不論很窮或很富，你這一生的架構，在出生的那個時刻，是你自己選定的，然後你的生命就從這個架構的發展再去體驗。這中間還有很多轉折，每天每件事情你都在做選擇，如果你做對選擇，成道就會快一點。

奧修有一本書叫《金色花的祕密》，奧修的講解是非常吸引人的，很靈活又非常有智慧。他說，他的學生來見他，拚命努力的修，都是希望悟道，但太努力其實是得不到「道」的；他又說，可是如果你完全不努力，也不會悟道。這好像是矛盾，但其實修行重點就在此：不能太緊也不能太鬆，鬆緊之間你自己要去體悟、拿捏，終有一天你會恍然大悟，然後你會大笑三聲。

我們盡我們的力量求得知識，希望得到智慧、開悟，可是，即使大師教你再多，從中得到的都只是知識；經過你的體會可能變成智慧，但這還是理悟，在理上面的悟，不是體悟或心悟。心的悟道是「與神同心」，從心去悟的話，就需要神聖的恩典，這有點宗教色彩：假如你什麼都不信的話，永遠不會悟道。**所謂信不是跟隨教義，那個「信」是你真的感受到與神合一**，到那個時候，你就發現以前看的書上講的都對，**你印證、體悟、明白了**。

很多宗教或修行會叫你放下頭腦，奧修也是這麼說（其實印度的宗派都是這麼主張），奧修的道場外面也是豎著「不要把你的腦子帶進去」（Leave your mind here）。我不覺得我們需要去否定自己的 mind，因為如果不要 mind，你根本不能運作，而是要能跳出來，不要捲入群體的錯誤觀念，攪和在裡面，認為非得跟從某種東西……那會永遠跳不出來。

東方與西方的宗教不同之處在於，西方宗教認為一切是有，東方宗教認為一切是無、空，兩者看似矛盾，其實不是。處處逢緣（源），真理有其共同性。像古老的中國文化，沒有唯一的神跟宗教，這跟別的古文明不太一樣。例如道家跟《易經》裡面講的宇宙觀，是那種可說又不可說的很美的境界，跟宗教不一樣，卻跟新時代的味道很像。

沒有「受害者」，只有「未覺者」

關於我在新時代的轉折，最明顯從一九六九年我翻譯《先知》開始，這書大概七〇年出版。其實我一出國就看到《先知》，當時很流行，封面照片很像基督，幾乎人手一本。我剛出國時很忙，一時還沒空讀，婚後就買了一本來讀，看過後覺得太棒了，後來我回國三年期間找時間把書譯出來。現在再讀《先知》，裡面的每一句、每一個觀念，還是那麼的美好，而且我最欣賞作者言語簡潔卻引人深思，餘韻不絕。

紀伯倫有很多作品，《先知》是最薄的一本，但其他的作品我不覺得好。讀紀伯倫的作品，我只要讀《先知》，就把他的學說精髓吸收，很開心。後來，我在一九八九年寫那篇有關新時代的總序時就說過，其實早在翻譯《先知》時就已見端倪，已經被這種新思想所吸引。回溯一生時有很多線索，好像一塊塊的拼圖，也許東一個西一個，但卻是相連的。

到了一九七六年，我已經看了很多這類書。寫「福爾摩斯」系列的英國作家科南・道爾（Arthur Conan Doyle），他就相信靈魂學。十九世紀末二十世紀初的美國，有一批知識份子，他們並不是主張怪力亂神，但是相信有靈魂存在，所以成立了靈魂學會，也研究神祕學、通靈。我很著迷地讀，最後才看到賽斯的資料，一讀之下，大為震動，拍案叫絕。

讀了新時代的書之後，我有幾個簡單的結論：**人生有意義，事事不悲觀，沒有「受害者」，只有「未覺者」**。後來我發現，所有的修行，不管是哪一宗哪一派，最終都是要我們「覺知」（awareness）。

賽斯是非常好的東西，不會給你任何負面的或怪力亂神的想法，只是實事求是，告訴你事情是怎麼回事。這些東西可以作為人生很好的底色，讓你心安，不會恐懼，不會被威脅，擔心著死後要下地獄等等。在這個底色襯托下，你可以安穩的遊戲人間，因為真理可以讓你生信心，你不會害怕；而「合一」這種真實的體驗則會讓你感恩、感動，讓你產生喜悅之心。

一九八一年我開始做新時代系列書，在時報出版了三本賽斯書。當時出第一本的時候，根本沒人看得懂賽斯，也沒有人有興趣，可是偶爾也會有讀者寫信來溝通。有一次有個年輕的讀者來信說她看懂了，她好喜歡！她住南部，才讀初中。好奇怪，我也很納悶，她怎麼那麼有慧根。

慢慢地，就有比較多讀者寫信來。當時沒電腦，我一封一封親筆回信，好像永遠回不完，但都是差不多的問題。老是要回同樣的話很累，大家也沒得到互相切磋的好處，我覺得大家一起研究可以互補相長，所以就在我內湖家的客廳組了賽斯讀書會。後來一九八九年跟方智合作新時代系列，就是想傳播這個好消息。

每一天，我們接觸到社會上的各種消息，大半都是壞的、聳動的，好像這種消息才能搏得版面，大家也都很喜歡看；長久在這種氛圍下，你根本沒有信心，會覺得這個世界怎麼這麼糟糕啊！即使你覺得自己不錯，卻可能又會想，一個人的力量哪能跟大環境抗衡?!所以要給大家正面的訊息，才不會活在恐懼裡。

社會裡的很多傳統，是非常落伍的，根本容不下個人獨立思考的空間。例如：父母講的就對，社會講的就對，不管是否被虐待或把你噎死……這些都很奇怪。希望大家趕快向光明的地方邁進，心安最重要，心裡自由、喜悅才重要。

回歸中道

我這個人一輩子特立獨行，不會依附教條或政治宗教的律法，因為這是種社會現象，是社會群體為了控制人、獨霸權力，才有這些政治宗教的組織，所以基本上我對組織是很排斥的。人類歷史就是權力鬥爭的血腥歷史，或者是以眼還眼、以牙還牙，實在沒什麼意思。

我小時候很叛逆，不喜歡講求四維八德中正中庸的中道，我認為中道不冷不熱在中間好像溫水一樣，真是無趣；但我的外在會自律，很多想法沒有顯現出來，自己知道就好了，不像我現在這麼坦白。孔子說：「不得中行而與之，必也狂狷乎？狂者進取，狷者有所不為也。」我是兩者都有，有時候狂，有時候狷，沒有中間，因為我覺得中間實在太無聊了。

憶起三十幾歲時，接到林海音先生的信，要我前夫寫一篇短文介紹我（《先知》譯者）。前夫長於以形象表達，拙於文辭，結果我自告奮勇以他之名寫了一篇，其中便對自己那種忽狂忽狷的德性坦白一番，自覺「入木三分」哩。結果，林先生皺眉（我心眼中看到），覺得前夫太貶低我了！哈哈，這是否是我本已設定的「自我毀滅程式」呢？而現在的自剖，是否又正在啟動程式了呢？

如今年紀大了，經過求道，走過人生的風雨和歷練，現在比較回歸中道；這也是一個自然而然的結果，不是我「要」回到中道，而是我「必須」這樣。

在兩極之間擺盪，會有很多矛盾出現。我現在對自己的認識比較清楚，也較能接納自己的感受，即使在不同兩極間擺盪，我心裡也沒有矛盾，因為人有很多的面向，只要不傷害人就沒有關係，這樣生活比較有趣。你要是覺得自己很矛盾，就麻煩了，因為這樣你會不能做決定，一直在消耗自己的精力；簡單說就是跟自己過不去，左也不是右也不是，自己打自己，沒辦法保持精力與快樂。我現在心裡面趨於中道，比較平靜快樂，接受自己的不完美，也接受別人的不完美，沒有什麼不能接受的。

合一的修練，特別要求真實面對自己（true to yourself）、真實接納自己，要面對自己的問題、自己的本來面目，不用矯情、隱瞞，不要面子要裡子。這對我似乎不難，只是年輕時很「低調」，大半的矛盾、叛逆，都只默默在內心，頂多我行我素，而不會像現在這樣「出櫃」，露出赤裸裸的靈魂！

我最近在重新編修《喜悅之道》（高靈歐林的傳訊書系），那是我最早推薦的書，現在要推出廿五週年的新版。新版修訂時我需從頭再看一遍，就發現很有趣的地方。我這個人散散的，也沒有很努力修行，以前要我做練習，我才懶得做；若你覺得好，我當然很鼓勵你做。雖然以前懶得做，但結果發現，我現在幾乎都做到了，很喜悅。歐林的東西無意中滲透進來，已經很自然地變成我的一部分，不會覺得「原來是這樣」，而是「我已經是這樣了」，所以很快樂。

除了神沒有別人，除了愛沒有別的

輔大宗教研究所每年秋天會選一個主題辦學術研討會。我既不是研究宗教的，跟他們也沒有關係，二〇〇〇年不知怎麼，卻找上了我。那次的主題是「各個宗派的修行」，我又不喜歡修行，還要發表一篇小論文，怎麼辦呢？我也試過修行，但是沒恆心，半途而廢。我雖不是修行的人，但也為著「新時代」硬著頭皮答應參加了。

我後來忽然有個靈感，寫了一篇短文，題目是「除了愛，沒有別的；除了神，沒有別人」，這篇論文現在還在中華新時代協會的網站上。那時候不知道為什麼忽然這樣想，現在再看，當時寫的東西跟我現在的體悟是一樣的。可見我當時已經有某種體悟，只是沒有直接悟道，然而我的感受、理智都是這樣了解。

人喜歡命名和歸類，腦子的功能就是判斷，命名、歸類、判斷、分析是我們的腦子最會做的事情；而且每一個宗教對神的了解都不同，每一家都認為自己是權威，往往排斥別人。

就我對宗教的了解是：雖然我們都是神的一部分（這我深深相信），可是祂比我們不知大多少，區區小我，如何去命名那無窮無盡、無以言說形容的祂？祂不止是意識，不止是能量，不止是愛，祂是包含一切的，那我們如何去命名祂為耶和華、佛、上帝、阿拉？都沒辦法。其實這比較像是一種玄想、玄思，玄想是不可說的，我們稱祂為神，祂包括所有一切，我們都在祂之內，沒有東西在祂之外。所以說，除了神以外，沒有別人，我們都是在祂內的那個小分子。

除了愛也沒有別的，因為無論傷害或者痛苦，都是我們設定給自己的學習。你感受沒有愛，是讓你學習愛，讓你了解愛；如果你從來沒有缺乏，一直在愛裡面，你根本不知道什麼是愛。因為你曾經沒有，你看到那個痛、那個傷、那個空虛、那個悲觀，然後你才發現，喔！原來是我們自己的眼光只看那麼一點而已，視野打開、心打開以後，那個愛是無窮盡的。

除了愛，沒有別的。沒有愛，是讓你找到愛的一種刺激與動力。

請記住這兩句神來之筆，因為當你越深入於道，越回到你的核心、本源，你必會發現它在那裡等你！

到印度合一大學去

上次講過，二〇〇七年我終於痛下決心，跑到印度合一大學去了。

合一大學的創始人巴觀（Bhagavan）說他的天命是來給合一祝福（Deeksha）。合一祝福的功效是什麼呢？就是讓你可以很快覺醒。巴觀說，因為二〇一二年眼看著快到了，很多預言說世界要毀滅了，假如有七萬人在那之前覺悟，就可以扭轉乾坤，就不會有世界末日的來臨。當然，不管為了我自己或者為了大家，這都是值得努力的。

想到世界末日，我很不忍心。我自己已經活得差不多了，可是還有這麼多人會毀掉，而且地球也要毀掉，我實在不能想像！地球道場是我們人的樂園，是我們旅遊人間的地方……而我那時候又剛好很沮喪，所以乾脆去印度了。

去印度合一大學（Oneness university）以後，有幾個比較重要的「發生」。到印度第一天，老師就說：「你們到這裡來，什麼也不用做，來了就好，要放鬆，享受這廿一天。你們有這麼大的福氣、福分，才能到這裡來，要感恩。例如感恩配偶讓你請這麼長的假來，比較年輕的，感恩父母出這麼多的錢。來一趟很貴，要感恩！」

我在想，我感恩誰呢？父母不在，前夫也離開，我就感恩自己好了。我還滿愛自己的，肯給自己這個時間；而且在台灣我去到哪裡，人家都會認得我，很麻煩！我就偷偷摸摸去印度。在印度，遇見的台灣「同學」問我是誰，因為沒看過我，就不知道我是誰；但是一看到我名字，就會嚷嚷說認識我！他們從小看我的書啊！我很謙虛低調的躲在角落，我說：我不是老師，我跟你們一樣是來學習的，不是來教的，所以不要叫我老師；他們都很年輕，叫我同學，我好得意哦！

合一大學有不同的老師教課。第一次是他們的大師兄，聽他講話非常舒服，很有說服力（convincing）。學校授課者叫做 guide，他說，guide 不給什麼，也不取什麼，只給 Deeksha。這個最重頭的 Deeksha 本身不需要我們做什麼，他們也不需要做什麼。假如你有足夠的錢又願意去，你只要在那裡，他們會給你祝福，傳導能量。

當時的教導大致有幾個重點：合一祝福（Deeksha）幫助我們把負面的東西去掉，這樣以後，就會讓我們的意識提升，進而覺醒。對什麼覺醒呢？

第一是覺醒到萬物都是相連的。我們跟任何人都是緊緊連著的，分也分不開。雖然我們的形體是分開的，彼此的想法也不同，可是基本上，我們在靈魂層面，通通是相連的，我們跟神也是相連的，只是我們都不覺知。

第二是對於現實的真相要覺醒，知道什麼是真、什麼是幻。

第三是對恩寵要覺察，要感受到你在恩寵裡。假如沒有感受到的話，就不能改變也無法開悟，因為靠你自己努力是得不到的，一定要感受到恩寵才會覺醒。

真實感受恩寵加身

還有一堂課是講修行求道的道路：第一要有意向或意圖（intend），就是你要有個目標，想要達到一個什麼境界；第二要有欲望、熱情（desire、emotion），去追求一個目標若沒有熱情的話，不會得到；第三是神聖的恩典（divine grace）。有這三者，你才會覺醒。

老師說，要成功就必須要有熱情，你不能一、兩次挫敗就放棄。他說到愛迪生發明電燈的例子：愛迪生一直做實驗，他其實沒什麼了不起，是發現了三千種不適合當燈絲的金屬絲，一直試到終於找到合適的那個。有熱情不斷嘗試、實驗，才能成功，如果只做三千種就放棄，就失敗了。他說：「真心追求，不會在意多少次失敗，因為旅程本身就是充滿了喜悅！」這樣有點「吃苦像吃補」，因為挫折是很苦的，可是他卻覺得充滿喜悅。所以，我們不能太執著、太認真地認為我一定要怎樣，那樣就會一直在吃苦，修行要是一路吃苦，會沒什麼樂趣，還是要快樂一點的好。若一味追求吃苦，只不過是誤以為吃苦可以贖罪，苦修代表有德行，其實都是「功利」的想法，並不高超！

他說，平凡的人是等待機會，可能等一輩子，機會還沒有來，一直在守株待兔；偉大的人創造機會，所以眼睛睜大一點，看到機會趕快跳上車。**處理外在的事情必須要用頭腦，必須要努力，你才能處理；可是內在的世界是不需要努力的，反而需要放下、臣服，需要接受恩典與隨順智慧。**

沒有恩寵，沒有辦法與神一起；跟祂同行，才能成就任何事；有了這個恩典，生命就變得美妙。祂愛你比你愛自己更多，你會發現生命更有趣、更快樂。要感到沒有理由、原因的喜悅，那才是真的。

最後就是：我是存在、意識、法喜。法喜其實是譯錯了，法喜是佛教的說法，其實英文就是「喜悅」，受佛教的影響就會用佛教的名詞，這就是為什麼我譯賽斯都用白話，因為我不願意用任何宗教的用語，賽斯本來就不是宗教。

合一說，神的愛就好像上千個母親的愛。你生命中已經擁有這麼多了，可是還是覺得很空虛，因為你沒有回到家，你遠離了神；追逐一切就是想追逐神，唯有神的愛才能填滿你，沒有神，你就像是宇宙裡的孤兒。

我想很多人都有這個經驗，覺得自己像是宇宙裡的孤兒，無依無靠，飄泊迷惘。合一說，想要有神恩，就要跟神有一個連結，所以我那時候就在想，我跟神有沒有聯繫？我也不通靈，每天自己苦哈哈的幹什麼？

做母親的都知道，小孩子三歲以前一定要跟一個大人形成一種堅固的連結（Bonding），小孩以後才能很健全、正常、安全的長大。有些大人把小孩交給別人照顧，或者照顧的人換來換去，尤其是孤兒院就很慘，因為沒有一個大人是屬於他。不論是什麼性別，不管是不是母親，起碼要有一個固定的人跟他建立一種連結，他才會覺得有根的感覺，才不會像一個飄浮的氣球。想當年我就是沒有這個連結。

前兩天我就在想，我有沒有感恩、連結呢？那時候覺得心裡是空的、有點痛的，而且是真的心臟這裡痛。後來到第三天，忽然間就覺得不痛了，心裡滿了，忽然間覺得原來神一直在，祂一直在我心內，可是以前我完全沒有感應，沒有覺知，也不相信這回事，那些對我來講只是個學說。而那個當下，我真的感覺到祂在，只是之前我沒有打開我的心去接納祂，去相信這樣一回事；我接納後，結果真的在我身體感覺到那個喜悅，充滿了愛。我感受到被神愛是多麼的甜蜜、美妙、幸福！感恩得不得了！心中莫名浮上一首老歌：《How Sweet It Is Be Love by You》！

感恩之心不是可以刻意求得的，刻意的要求就是出自小我。千萬不要把小我當作是一個固定的、具體存在的東西，讓小我掌握了你的生活；要放鬆、放下，但不要去怪罪小我，認為自己這裡不好、那裡不好；也不要去設定自己一定要怎麼樣，那個都是有所求。賽斯講過，你專注在什麼，你就得到什麼；你專注在你的不足、缺陷、沒有愛，專注在你沒有什麼，沒有放下，祂是進不來的。

當我感覺到那個愛的時候，忍不住就喜極而泣，因為我覺得這是個恩典（如果努力求得的，就不是恩典），已經超越了一般所謂做多少工、得多少東西那種交換，那是人間的法；而超越的法是你感恩、放下，讓祂來接手，讓這個恩典顯現在你的生命中，你就會感覺到祂的愛，體會這個無條件的愛。不是因為你做得好所以祂給你，你什麼都沒有做而祂給你，完全是白白送給你的，這才叫做恩典，就是「無所為」，是「放下」，是「信任」。這輩子第一次「臣服」！

我後來發現，**感恩其實是最好的一種祈禱方法**。還不只是方法，如果你不是去求神來給你愛，而是**能夠自然地生出感恩之心的時候，恩寵已經在那裡，那個喜悅就會一直充滿，就像本來乾枯如沙漠的心，瞬間變成了「自流井」，愛源源不斷地湧出！**痛苦的時候你是不會感恩的，喜悅的時候你就會感恩，感恩的時候你就會喜悅，這兩個好像是一體兩面。

完全沐浴在光中

從那以後，我才覺知我一輩子在向外求，向人求愛、向人求肯定等等，其實都是虛的，都是白做工。可是話說回來，也是要有那樣的過程，我才會發現，原來那一切都沒有給我滿足，努力去追還追不到；而我現在不向外追了，回頭向內一望，祂卻從未離棄我！

回來以後發現，那時候規定廿一天不能講話，本來習慣講話但被禁止講話會不習慣，可是那時候的感覺是如此的平和、安靜、喜悅。你不希望有任何人來吵你，也不希望有任何分心的事情占據你的心與腦，你已經充滿了愛，那樣就好了。

這幾年以來，發現很多的書都在講同樣的事情，都在講連結，跟神合一。我們平常跟人的連繫是橫向的，可是跟神的連繫是超越的，直接就連上，這樣的話，你就永遠不會缺乏。當看《一個新世界》那本書的時候，就看懂了：回到寂靜（silence）的那個點，安住在那極度的寧靜裡，沒有煩惱、痛苦，只覺知到你「在」。多年前，就覺知人人都有個「內在的聖所」（Inner Sanctum），一個寂靜的空間——心，是我們冥想時回歸之處，如今，完全感受到了。

可是我也不能說這就是「悟」了，我不知道覺悟了沒有。有的人的覺悟就是完全敞開了，完全通了，覺得與萬物合一，走在路上，意識是處在比較量的狀態，走路很慢很慢；然後，看到樹、雲、草、葉子，都覺得跟他一樣，跟他是一體的，就真的是合一境界了。我呢，只是常在平安喜樂中，感到全然的自在、自由！我那時候很感動，想著回來要跟大家分享……可是，其實那要親身體驗，用講的跟看書一樣，你可能說：哇！這個境界真好！可是到底什麼感覺，你還是不知道。

等你真的嚐到那個甜頭，才真的體會到箇中微妙，跟「見光」差不多，是一剎那間看到那個光，完全沐浴在光之中。覺得非常安全，不再恐懼，覺得原來如此，你一直在神的懷抱裡，一直是這樣受著恩寵，合一感恩的心升起來，滿心讚嘆。長久處在那個狀態，也比較容易進入那個狀態，你只要靜下來，就回到內心那個寧靜的點。

從那以後，我曾出去旅遊過幾次，到過像不丹、以色列、兩河流域、伊朗，甚至更偏僻的衣索匹亞。無論在哪裡，在哪個古文明的遺跡中，在哪個種族或宗教的籠罩中，我都會回到對神、大自然、生命和人的愛和尊重中，禁不住心中讚嘆「普天之下，莫非神（王）土，率土之濱，莫非神（王）臣」！

現在二〇一二年了，大家紛紛講同樣的事情：為自己和為整個世界、整個地球的未來，連上線就平安了嘛！平安以後，發生什麼事都沒有關係，因為你知道你是永恆的，你永遠在愛裡，沒有什麼好擔心。

超越世俗的神祕主義

「與神連結」屬於一種神祕主義（mysticism），或者有人翻譯成「密契」，這譯得非常美、非常貼切。我最早注意神祕主義是從賽斯開始。神祕主義就是說：你不是藉著有組織的宗教或者任何的哲學、神學等等，去了解神或是去詮釋神；而是自己直接跟祂連通，不假外力相助，直接感應，這叫做密契。這種人從原始宗教以來就很多，像印地安巫術、薩滿巫師等等，最原始都是跟土地、山川、草木、日月、天地相通的，靠自己直接感通。《易經》也是直接感通而成的。

其實這些事情在有宗教以前就已經很盛行。有組織的宗教發生以後，把「直接跟神感通」當作怪力亂神、邪門外道，因為這是組織無法控制的，他們就是要你受權威的控制，由宗教組織作為一個中介者去替你解釋原因。其實在各宗教裡，也還藏著很多離群索居、獨自修行的人，他們每天自己感受與神連結。

我以前是天主教，讀過很多聖人、聖女的傳記。那些後來被封聖的人，他們的傳記都很特別，他們都有很強的感應力，很熱情的修持體驗。那時候中文翻譯說他們是「神魂超拔」，也不知道是什麼意思；但現在我感覺，其實就是講狂喜的狀態，渾然忘我、魂上九霄的那種感覺，已經忘了一切……

還有，神祕主義是超越的（transcendent），不是在世俗的層面。西方宗教講，神是超越的，神格的位階是特別的，祂不是在你之內，你也不在祂之內，你就像螞蟻、蟲一樣在地上爬；我們有人格，祂們是有神格，所以你再怎麼樣也不會變成神，截然不同的兩個世界，層次是不一樣的。東方就不一樣，東方認為，你努力去修行等等，最後感通了，你就會跟祂一體，能夠天人感應。神祕主義者就是個別地與神連結、與神合一，因而回到那超越的愛與光中！

當有過合一經驗之後，不時地會聯想到許多東西方聖哲的名言，而自我年少時，文天祥的《正氣歌》便為我所喜，此時更對頭幾句有說不出的親切感：天地有正氣，雜然賦流形，下則為河嶽，上則為日星，於人曰浩然，沛乎塞蒼冥。……

這說的不就是無所不在的神與愛嗎？

「與神對話」和「與神同心」的不同

前幾天有一位我認識的靈媒，她結婚生了小孩，一家三口到我家來看我，回去以後她打電話給我，說我跟她說的一句話讓她有所領悟，我說為什麼呢？她說有時她通她的高靈，高靈跟她講的話，她有時候還是有疑問的，她害怕不知是否是她的自我假借名義跟她講話？還是真的是她的高靈給她的指令？但是因為我是個人，面對面直接跟她講這個話，她就覺得比較踏實、可以相信。這就是「與神同心」跟「與神對話」不太一樣的地方。

與神對話時，問祂問題或祂回答，你有時候會起疑，到底是不是自己很自大的在那邊自說自話？可信度存疑。現在很多人都說他們在通靈，都說是神在告訴他們事情。而我是麻瓜，我沒有通靈。通靈的人可能自己本身在人間的經驗和智慧還不見得夠，所以要依賴通靈；通靈的時候可能講出很有智慧的話，可是跟他平常的本人有差距，也許他平常本人比較善變或天真幼稚，還沒有真的合而為一。

所以，不管是透過哪一種修行方式，這個年頭大家都需要「與神同心」，做到「與神連結」，與神連結之後，就覺得跟祂是同心的。當然，自我不是永遠都沒有缺陷，還是有的；但心裡越來越踏實，祂與我同在，不管我是不是完美，是不是有瑕疵，是不是……不管怎麼樣，你都是被祂疼愛的。

第四堂

依愛隨行

除了愛，沒有別的

祂是「空」，可是包含萬物，本質是生命、能量、愛。
「愛」是在內的動力，「行」是在外的表現，
不論是生活態度、做事、待人，
都是依愛而表現於外，以行為而落實。

今天這堂課跟上次的課其實是連貫的，上次是「與神同心」，接著要講「依愛隨行」。依愛隨行的這個「愛」，是大愛也包括小愛。神的愛在我內心中，還有我對我自己的愛，依著我的心，依著我因愛而生的喜悅，在接下來的時間好好生活，有了這個體悟之後，就非常感恩與甜蜜。人間的愛沒有那麼甜蜜，只有這樣的愛是那麼甜蜜，因為不會離開，一直在那裡。

二〇〇七年我到印度二十一天，回歸到我的內心，感覺到這個愛在我的心裡滿溢出來，平安喜悅就是這樣來的；也生出信心，真的體會到那種非人間的愛、沒有條件的愛。

人會一直在追求愛，其實是因為，在我們的生命過程裡，很少有機會得到足夠的愛，讓我們有個很好的根；根沒有扎實的扎下去，所以我們一路很不安、很困惑的搖擺，想著：我怎麼辦？我到底有什麼價值？為什麼我一直沒有自信，沒有活出自己的價值來，也沒有得到我所需要的愛？你越感覺沒有得到你需要的愛，而要向外去求，就越慘。我自己就身受其害。

那一次在印度的經驗，讓我發覺祂一直在，我於是不假外求，從此，那種狂喜的經驗、滿滿灌上來的喜悅，讓我感到安適自在，未來會如何都沒有問題，都感到安然，所以，從此不再恐懼、疑慮。那個時候覺得自己太無欲無求，同時感到人間太繁雜、紛擾，覺得不如歸去，所以我的「最後八堂課」是這個意思，可是我的心裡是喜悅、平安的。我沒有要求死，只是想把心得與人分享。分享不見得能使大家得到體會，就像看書，再好都只是字面上所得，必須有一天親自體悟，方知其中美妙的真髓。體悟，是如人飲水冷暖自知。

我也很感恩，並沒有什麼要求，也沒什麼雄心壯志，每天還活著醒過來，便心懷感恩，對我而言，每天都是神給我的一個額外的禮物。

宗教與新時代的不同

之前講過，輔大宗教研究所的研討會邀請我去，我代表新時代領域去參加。之前我還沒有體驗，只覺得那些東西隱隱在那兒，沒有很明確，還不算是真的；可是我那時候忽然有靈感，就以「除了神，沒有別人；除了愛，沒有別的」為主題。「與神同心」、「除了神，沒有別人」，一切都是在神內，祂也在我們每一個人心裡，我們也在祂內，沒有東西是超過祂的，否則祂就不叫做神了；而祂又不是個具體的東西，如果是具體的，祂就不可能包含我們每一個人，也不可能在我們之內，**祂是「空」，可是包含萬物，神的本質就是生命、能量、愛。**

我在印度時體驗到這種無條件的愛，是完全無條件奉送給我的禮物，並不是因為我好，而且祂一直在。各位不要覺得自己一定要做到某個程度祂才會愛你，祂不是給你獎賞或懲罰你，**如果有一天，你能夠有足夠的信心，放掉所有負面的認定、想法，你會發現祂一直都在。**祂的愛是一個禮物、恩寵，祂不是要你去求才能得到（我沒有否定「求」，也不是說「求」不好），不是非要什麼條件才能達到那一點，而是信念足、時機熟、你的心完全打開了，你就發現，祂原來在那裡。

談到宗教，我很喜歡宗教裡的真善美，可是我也很怕宗教組織加給人的那些傳統信仰：恐懼神威，要畏懼，要害怕，把神當作是人的判官，把人的不完美當成是原罪，人類是瑕疵的產品。假如我們是從神來的，怎麼是瑕疵的產品呢？

如果我們自認為有原罪，會永遠戰戰兢兢，害怕死亡、懲罰、地獄，因為人的有限性和僵固的邏輯思考，而用因果來判斷。不是沒有因果，可是不像宗教講的那樣，完全一模一樣的回給你，而是用另外一種方式讓你覺知到，你那樣做會傷害到別人。真正在因果之上的就是恩典，只有恩典能夠將你提升，將你的心、你的智慧昇華，你才知道，原來那個無條件的愛是真的。

我們把人的思考投射到神的身上去，把人的有限、不圓滿、僵固的想法投射到神的身上去，所以就衍生出傳統宗教的信仰。所謂傳統的信仰就是：你相信唯一真神，別人所信的就是魔鬼或是妖言惑眾、異端，導致只問顏色不問是非，跟政治一樣，變成一種意識形態，而不是來自心裡的共振；你一旦有了某一種意識形態，認為別的跟你不一樣的意識形態就是錯的，這才叫做黨派、派別。以意識形態來看信仰的話，將衍生出無窮盡的批判、鬥爭、殺伐、戰爭，變成不是「除了愛沒有別的」，而是「除了恐懼沒有別的」。深究那些負面的東西，背後的動能、推動力就是恐懼，不是愛。因為愛，你就不會有分別，可是因為信仰，就會有所分別。

大家注意身邊所發生的，會發現那些舊的東西慢慢在脫落、改變，有時候忽然有個創新的想法出現，你會發現，哇！這跟 New age 講的是一樣的。

西方宗教一直認為神有神格、人有人格，一個類別占一個位子，神格和人格位階不同，永遠不能混在一起，所以人們再怎麼努力，充其量只是做一個好人，做一個神所喜悅的人；假如你有美德、做很多好事，神會喜愛你，可是你永遠沒有辦法達到跟神一樣。神永遠是神，人永遠是人，神高高在上，人只能仰望神，努力求得神的喜愛，不論人再怎麼努力，位階都不會和神相同。

New age 或古老的東方傳統就不是這樣的。New age 主張，神既是自有的，是內在的，也是超越的；祂在我們之內，可是也是超越人間的，祂是所有一切的源頭，同時又化身在我們每一個裡面。所以，以新時代的看法，神是「既超越又內在的」。

曾經有一位牧師跟我討論，他說他們在學神學、哲學的時候，本體論跟現象論永遠沒有辦法講得通，永遠是分開的東西。我說，本體就是一切的根本、本質，一切萬有或是無形無象的本源就是本體，也是我們人的源頭；而現象是從無、從空所幻化出來所有物質界的東西，是本體的展現，顯現為可見的物質現象。兩者是一體的兩面，西方宗教是完全不承認的。

我們的源頭最深處就是內在，內在是無形的，靈魂也是無形的，高我與神也是無形的，這是內在、本體；然後祂顯現出我們可以看見的東西，這就是外在，所有的肉體與物質世界。科學家發現，所有可見的物質，僅有百分之十吧！看不見的東西其實多更多。因為「看不見」，我們會以為是「無」。

科學家還發現，甚至連人腦也是個小宇宙，人的腦子雖然有白、灰物質，可是，「暗物質」還是占最大部分。所謂「暗物質」就是看不見的、無形的力量，看不見的東西其實是一切的來源，看得見的東西反而是少數。宇宙之大，那麼多的星星，彼此間的距離就是暗的，那個部分比星星更大。所以科學界也慢慢回到新時代的主張了。

密契者的領悟

賽斯的傳述者珍・羅勃茲（Jane Roberts）是一個神祕主義者，或譯作密契者（mysticism）。所謂神祕主義者是：他不屬於任何教派，不屬於任何一個學派，而是對神或是對一切萬有的體悟，是自己個人的連結，與神同心或與神連結，那就是密契者、神祕主義者。密契者不是最近才有的，自有人類以來，就有這種密契者，他們是以自己的生命、心神、靈魂直接去「參」，參這個宇宙、參一切萬有到底是怎麼回事，直接跟神有一個連繫。

二〇〇七年我參加輔仁大學的一個研討會，主題是「密契經驗：人—神的溝通」，發表幾個不同宗教的密契者的論文，我只提佛教的日本和尚修行人所講的禪宗。禪宗就是很標準的神祕主義、密契，不是按照文字或上師教的，而是直接去參透那個神祕，因為可說的只到一個程度就說不下去了，只能看你個人的體悟。

此次研討會中有東洋大學竹村牧男的論述〈「悟」與自我存在的理論構造〉，其中引用日本禪宗名師鈴木大拙之好友西田几多郎的說法，大意如下：祂把自己變成空，然後從自己之內翻轉出來相對的多個，就是我們每一個個體，所以我們都是從祂之內變出來的；祂否定了自己的絕對，而讓我們每一個個體都成立，這種愛是無條件的愛、絕對者的愛。單單只是超越的神，不是真的神，神必須是充滿愛的神。神不單單是超越的，而且是內在的，是充滿愛的，假如我們深深了解這一點，自然會有報恩型的人生，從「報恩」到「當為」（應當如此做），不是刻意的。

我不是佛教徒，只是說這個思想跟我們 New age 思想是相合的。我們要報恩、感恩、幫助人，要去做善事、做積極的事情，不是因為道德律、戒律規定，而是我們感到神的恩典，感到祂自然而無條件放在我們身上的善跟愛，我們自然會有主動積極的報恩行為；不是刻意行善，還數說自己做了多少好事，當然更不是有目的性的。因為你心裡面的愛與了解，你自然會去做有益別人的事情，自然奉獻你的生命去對整個世界、人類有所貢獻，這個就是佛教的密契者所悟到的東西。

研討會還有一篇是講到，佛陀在菩提樹下悟道的時候，他不是先悟到十二因緣，而是先悟到中道，也就是離開言語、分別心，才能解脫。這跟賽斯很有關係，我以前看不懂，後來因為看了賽斯以後才了解。

所謂「八不中道」，八不是什麼？就是中道、非二元的、超越世俗的終極真理，即：不生亦不滅，不常亦不斷，不一亦不異，不來亦不出。既不是這個也不是那個，它不是僵化固定的。

怎麼會不生也不滅呢？好像很矛盾。但矛盾或不矛盾，看了賽斯自可理解。八不不是自我脫落、陷入什麼都沒有的無，而是了知主體和客體。不是要你變成腦子裡什麼都沒了，或不用腦袋、揚棄理智；而是，主客未分的時候，你就是他，他就是你，沒有觀者和被觀者的分別。現在有一些人認為，什麼都是自我的問題，自我是罪人、是不好的等等，這是不對的；如果我們自我中心到不尊重他人，那也是不對的，我們要尊重自己也要尊重別人。

所謂的主客雙泯就是說：你在靜坐冥想到某一個程度時，會有那個感覺，就是你不再感覺有主與客的二元對立，沒有分別了。「我即一切，一切即我」，當你真的有了那個經驗時，你就會更了解（可參見《莊周夢蝶》）。

現在有的人會自稱：我開悟了。可是「我」雖然不見了，卻只見別的，這樣其實這個「我」跟祂沒有合在一起。開悟時，萬物跟「我」是合一的，不會有一個「我」在那邊觀想或批判；神祕主義說我就是祂，所謂開悟的體會是「已經有那個體會」，並不是「知道我該這樣走」，那你是走不到的。開悟，你就知道了。

在此我舉禪宗公案裡曾用的兩個詞「桃花之色」、「擊竹之聲」，這是什麼意思呢?桃花的美與色,是我們用眼睛去觀的,可是禪師開悟時,色即是眼,眼即是色,兩者已經不分主客。「擊竹之聲」的意思也是:禪師悟到,這個不是外物的聲而是耳朵之聲,這個聲跟我的耳朵是合而為一的。

佛教參禪者說,神不是個絕對者,且沒有不變的本質,所以是「空」;世界也是個「空」,才可以包容我們跟萬物的存在,是相對的。這跟我的想法「除了神沒有別的」是一樣的,只是他們不是用「神」這名詞;他們不承認絕對者,也不以神的名詞來稱呼。所以,很多人會誤以為佛教是無神論,其實是,佛教沒有西方定義的「一神」。

所以,所謂密契者的參悟、開悟,就是瞬間縱向跟神連接,不用聽任何道理、文字,甚至超過文字,是直接了然於心的那種感覺,就是無條件的愛。當你感覺到無條件的愛以後,你就有完全的喜悅跟自由,因為你知道你是被疼愛的、有神恩的。你不會覺得非要有某種建樹、非要改造自己成為聖人,才能得到這份恩典、這份愛;假如那樣才能得到愛,那就不是無條件的,那個送我我也不要。

通靈者述說前世今生

其實二〇〇七年就聽說了一位通靈者，出國前我找到她就問她一下。我還沒開口，她就說：「很強的紫色光！」然後她就一直搖晃著，我說：「妳幹嘛？」她說：「沒辦法，力量太強了。」接著她開始說，我是從一個紫色光星球來的。我說對啊，我好喜歡紫色。她說紫色是智慧最高的星球。初次聽了有點驚訝，但內心是很喜悅的，讓我加強了被愛的感覺。

她說我出生時很匆促，不知道是什麼急事，反正是受命而來，在那個時間、地點我應該生下來，於是連忙把我抓過來……因此我就出生了。她說，當時基督跟佛都在場，祂們都很高興的樣子。

對於我出生時基督跟佛都在，這位通靈的朋友也覺得很訝異；還有我剛進她家門時，她還看見我媽媽跟大哥都來了。我媽媽那時候還沒有去世，她說是她的生靈跑過來；我大哥當時已經去世，她說他是在我身邊做我的守護靈。大哥是天主教神父，對於我的離開教會，總會難以釋懷，不過他是位體恤和尊重別人的有德神父。只有一次，全家難得在美國父母家團聚，他做彌撒時說：希望有一天XX（我的小名）會重拾信心（Faith）。我心想：我現在的信心比在教會裡的時候不知強多少倍！在他眼裡我是叛徒，他去了那邊以後覺得我叛得比較對，反而說感謝我，所以他現在就做我的守護靈。

她還說了我以前的四個轉世，這一次是第五世。我其實是個老靈魂，但是很多時候不是在人間。

她說我第一世是在埃及，是埃及豔后身邊最高的女祭司，除了主持國家的儀式，還管別的女祭司的訓練。所以，她說我的原生靈魂是女祭司，但接下來並不常常以肉身存在，每一世中間間隔很長。

第二世是在中國唐朝，是一位佛教大師，我當時把佛教經典統合起來，把戒律整理出來，是跟佛教律宗有關；她說我後來了解這並不是我真正想要的，就像我現在是最不喜歡戒律的人。

第三世是在日本，她看見了蓮花的符號，她說我是女性的師父，可是我不懂日本可以有女的師父嗎？我只想到日本有日蓮正宗，不知道是不是這個？她說我那時候在傳經典和祈福，必須遵守很嚴謹的戒律，可是我不太接受，而且我有革命精神。

第四世是在加拿大的印地安酋長，她說我很厲害，有很強的法力，能呼風喚雨。

最後一世就是現在在台灣，我是改革運動的帶領者。

她講完這些以後，還幫我做能量按摩，清理一些潛意識裡的負能量。我感到她手的熱力了，她說我的每個脈輪都很平衡，很少看到這麼平衡的人；可是頂輪是封住的，因為頂輪封住，所以我沒有辦法通靈。她說，假如我會通靈的話，人們會拿我當通靈者看待，有什麼問題、要做什麼決定都會來問我，找我通靈與指導；可是我現在不通靈，所以沒有辦法這樣做，只能把我當個平凡人。我覺得這樣有好處，基本上我是以「人」去體會這個道，然後慢慢的悟，進入共振的狀態。

預言雙生子的出現

到最後，她忽然開始預言說：「我有幾件事要告訴妳，妳母親快要走了，六個月之內就會往生。」母親那時候已經九十幾歲，我也不覺得她的話犯忌諱，知道她快要走了，只要很平安沒有問題，反而心安。我每年都會回美國看她，她信教我不信教，如果我去跟她傳教，反而滿奇怪的。雖然她信教，聽到我跟她講死亡，還是有點恐懼，她說：「妳不了解，我們這個年紀的人講起死亡會很怕。」所以我本來也不敢跟她講。我後來還是跟她講了，說，我大哥會在那邊等妳、歡迎妳，你不要害怕等等。

最後通靈者又預言說，我還會遇見一個新伴侶，年齡跟我相差不多，六十上下。對於一個男的夥伴，我那時候根本沒有那種期望，孔子說「七十而從心所欲不逾矩」，我很了解那個狀況，我已經沒有欲了，怎麼會逾矩？聽她一講，我嚇一跳，而且我根本不想。不是說沒有思考過這個問題，一個人還是滿孤單的，但是這不能勉強。其實我並不喜歡比我老的人，已經這麼老了還要去伺候別人，行嗎？而且要雙方都喜歡，不能有一方勉強，想來就覺得不可能，所以從來不會起這個念頭。

她繼續說，這個人的性情很熱情、正向，朋友很多；雖然如此，我還是會喜歡他。這個「雖然如此」很奇怪，反正聽了我也不當一回事，因為我根本就不要，不要就當然不會有。

她跟我講完後，過了兩年都沒有動靜，我心裡面完全沒有波瀾。對於別人長得俊不俊，我會看，因為我是愛美的人，但是不會心動，僅止於審美的欣賞。可是到了二〇一〇年的時候，那位靈媒到我家來住了一陣子。有一天聊天，我說我現在比較「鬆動」了，假如有就有，沒有就沒有，可是我覺得是不太可能的事情，也沒有盼望、渴望、期待。後來大概過了三個月，在半年之內就發生了。

在某一次參加的一個團體裡，果真有緣相識了這麼一位男性朋友，兩週時間大家都在一起，我們兩個都覺得彼此性情很像，包括個性、喜好、對宗教的興趣、個人修為等等，可是我們的背景是完全相反的。他比我有服務精神，我比較沒有；兩人對於詩文、音樂的感覺非常靈敏，講到什麼都很有默契。我心想，靈媒的話要應驗了嗎？我覺得我們兩個的互相吸引，完全沒有任何利害關係，沒有任何條件，不關外表、身高、學問、財力，通通沒有。他在知道我是《先知》的譯者後，就對我很有興趣，他想：怎麼會有這樣一個人跑到我面前來？他很喜歡《先知》那本書，很早就看過了。然後，沒有任何條件，兩人就是這麼樣的彼此喜歡。

以前墜入愛河會迷戀對方，那種迷戀無理可說，深陷其中、執迷不悔，要求比較多；但這一次是非常的喜歡這個人，看到他就很快樂，不用講很多話，寥寥數言就都明白。我覺得喜歡這個人很重要，不只是迷戀，迷戀是強制性的、強迫性的，是身不由己的，但這一次是真心喜歡與這個人做朋友。

後來我們相認，他也覺得很奇怪，就是不由自主地喜歡我，他說他看到我的內在美，他給我的感覺則是一位很老派的紳士。回來以後，我就趕快跟通靈的朋友求證，那時候她不在台灣，我寫信告訴她經過，她進入冥想之後，回信說：就是他！他是妳的雙生火焰（twin flame）。

「雙生子」最早是柏拉圖提起的，他說每個靈魂生下來是沒有性別的，後來分裂成兩個，各自去體驗人生，可是中間不一定會再相遇。因為是雙生，所以很多地方很相像，不過經歷會很不一樣，到處歷練，到最後再見面時是任務差不多終了了。這種感情很強烈，但不像普通戀愛的吸引力，並非「致命的吸引力」！

我以前也看過這一類的書，可是當時都覺得，那只是一種穿鑿附會，是安慰自己的藉口，就是：一個人可能很熱情的愛上某人，他就說「啊！你是我的雙生子」，對方不承認好像也無妨。我覺得這好像有一點勉強，戴頂帽子上去，使你逃不掉，所以我心裡很詫異！

後來那個靈媒朋友到我家的時候，她說，她自己那時候也不相信雙生子這件事情，她原本的想法和我很像，也認為那是假借名詞要騙取什麼。這就有趣了！假如她想替我撮合一樁緣分的話，她可能才會這樣講；可是她自己那時候根本也不相信這個說法，那訊息就自然進來，她只好跟我講，她也不清楚為什麼會這樣。原本跟她的自我意志與信念是相反的，但她卻接收到這樣的訊息，更證明這故事不是她編出來的。

我覺得加倍的開心，因為，她講了我的前世今生、使命任務，都只是講述而已，無從驗證；如果她的預言實現了，更能反推證明她講的其他部分也是準確的，不是嗎？我是這麼想的。我本來是充滿喜悅的，但也不想逗留人世太久，現在因為雙生子的出現，好像出現了變數，把我拉在人世久一點。

真正愛上自己

恩典到這個程度，讓我喜上加喜，每天都非常的感恩。但我們之間也不是馬上一帆風順、海闊天空，因為兩人都還在人間，他還有責任未了。總之他是很有趣的人，我們現在還是很好的朋友，不可能怎麼樣，那就看未來。

人的日子是過一天少一天的，每天我們都離死亡更近一步，死亡好像是個結束。我若說，過一天就少一天，他就說，不是，過一天就多一天，所以他不急，我們就是這樣有趣的互補。我很尊重他的處境，他的人生還有一些天命沒有完成、他自己個人的責任未了，他要先去完成，我當然不能去左右、控制、改變他啊！這才叫做善緣，互相支持、扶持，彼此喜歡。

在我們共處的那兩週之內，他算算他還有幾年可活，還要做什麼事，然後他講了一句讓我難忘的話：「你的餘生，就由我來照顧。」把我嚇一跳！他明明知道我的年紀，他比我小七歲吧！那個團體裡面有漂亮的、年輕的、優秀的女生，他反而喜歡我這個老骨董，真的很奇怪！怎麼辦？就只好接受。在合一那裡臣服於神的愛，現在是臣服於這個愛，所以說「依愛隨行」的愛是神的愛，也是人的愛。這個**「愛」是在內的動力，「行」是在外的表現，不論是生活態度、做事、待人，都是依愛而表現於外，以行為而落實。**這就是我以後的樣子。

這個喜悅，並不是因為我此時怕孤單、怕老、怕不能動，卻剛好找到一個我渴望的伴侶；而是，因為通靈人前面講了那麼多，然後再加上預言，已經實現了兩個，我覺得自己是如此的被寵愛，被恩典護持。反正很開心。我現在更能接受不完美的自己，而現在有一個很美卻意料之外的結果，不管以後會怎麼樣，都是感恩的。

現在更容易放下那種強硬、堅持、固執，把心放得更柔軟，因為愛是柔軟的。我也更喜悅、有活力、信任生命。以前會有種種擔心，但這件事讓我覺得，我根本沒有期望、渴望，好像該來的就來了，不必花力氣去求、去拜，我一打開心防說我可以接受，他就出現了，真是太奇妙了！所以我現在更相信緣分，隨順天意，「與神同心，依愛隨行」，就是這麼的美妙！

我生命的中段有很多時間是像無頭蒼蠅在尋尋覓覓，內心沒有現在這麼快樂、充實、喜悅，外在的東西也不穩，是因為沒有信心，隨時恐懼失去，患得患失無法自在。我現在最高興的是，我第一次喜歡自己，第一次愛上自己，感覺到那個無條件的愛以後，心裡面就覺得很平安；真的愛上自己以後，就有別人來愛你，而且也是無條件的。如果是年輕時我們相遇，也許他不夠成熟、浮躁，或我自己要求太多、恐懼太多，需要改變他或改變我自己很多，兩人也會掙扎不已。可是，就是這時相遇，不是很美妙嗎！

自律道德重於他律道德

我越來越肯定自己是外星人，因為一直以來，這個世界的東西好像跟我不太合（現在就比較ＯＫ了）。因為我是外星人，所以不了解人間的種種；而人間的事物是慢慢演變出來的規則，例如傳統、教條等等，又因為我是老靈魂，覺得這些都離我很遠，在為人處事方面反而有點幼稚。我對這個人間不太了解，才會一直想要去了解；我也不了解愛到底是什麼東西，因為渴望，所以拚命追求。

我小時候就常常在想，我這一輩子太不了解人，所以要多看小說，多從別人那裡去體會究竟。這個世界這麼大，從我自己狹窄的一生如何了解人是怎麼運作、怎麼觸動人心？才會有這一路走來對人的興趣，到處追求愛。

一般的人比較守舊、保守，守舊只是因循一般人公認的規則，覺得應該這樣做；可是，我不覺得應該沿襲世人陳規，而是應該革新，應該換個角度重新審視。比如我們以前讀四書五經是被迫讀的，所以比較叛逆、不想讀。如今到了這個年紀，偶然會憶起其中幾句，發現有些真的很有道理，越來越覺得所謂做人的那些美德、規範，比如忠孝、仁愛、信義、和平，也是很好。

可是，我覺得我是一個不忠不孝的人，但幸好仁愛、信義、和平我都有。為什麼說我自己不忠不孝呢？因為我覺得所謂的「忠孝」，是針對你的國家、同胞、父母，而不是普遍性，是狹隘的、國族主義的、民族主義的，會造成分裂而不是融合。

不是說不要對人家好，不要尊重、敬愛，而是說，我會尊賢但是不會敬老，因為老並不表示他就特別值得尊重，你也不用因為我老就怕我或尊重我，我其實是很返老還童的。所以，假如你是忠於一些比較大的原則，比如說和平、仁愛等等，那就比較好；假如你只忠於自己的國家、忠於你的黨，那就不太好了！可能仗打不完，這個世界永遠不會和平，因為你要忠於黨、忠於國家，黨同伐異、紛紛擾擾。我根本不覺得我是屬於哪兒的人，怎麼會有忠？我不是美國人，不是台灣人，也不是中國人，簡言之就是不是人……還在學做人，有一點像人就對了。

孝也是一樣，你應該對每一個人都有慈悲之心，不是只有愛你的父母。假如父母做的不對，你要想辦法感化他們，而不是唯命是從；當然也不能棄養父母，這種事情基本上是違反天意，可是並不是因為他是你父母你就去順從他、不是你的父母你就不愛他。所以這個是我所謂的不忠不孝。

基本上，一切都是自律道德，而不是他律道德，他律道德是別人說了算。我深深感受，打心底有一些基本的律則，基本上是平等的，愛自己、尊重自己，也愛別人、尊重別人。尊重是最重要的，不要以為自己最了不起，把別人通通視若塵土！眾生平等，四海皆兄弟！

我的那一位雙生子也說，我是從別的星球來的，所以現在大家都認為我是外星人。還好我長得還沒有像ＥＴ那麼難看。

第五堂

人生意義

信望愛對應真善美

真善的東西是美的，而用美學可以陶養人的性情、宗教情操，
可見美學是一個可以取代宗教的東西。
真理像珍珠、水晶一樣，非常的美，
可是若被外面的東西框住了，就會有點失真。

今天要講的主題是「真善美」還有「信望愛」，以信望愛來對應真善美。那什麼是真善美呢？**真善美就是人生的意義、宇宙的本質**。

理想主義，宗教情操

《先知》這本書是我真正進入心靈領域的入門書。其實我本來並不想翻譯這本書，但因為我實在非常喜歡與感動，文字很淺，意思很深，可以慢慢揣摩韻味。我還跟大哥分享，他是神父，英文非常好，但他卻不看。我拿給朋友看，朋友說這英文詩看不懂，我覺得好遺憾。就是因為那種找到好東西就拚命想和人分享的心情，後來我只好翻譯了。

現在回想起來，很多事情比較看得清楚脈絡。我為什麼一直提這本書呢？因為內容提及人生的各種面向，講得很簡短，卻很透徹深入、感人。我記得書中有人問先知，關於孩子、婚姻、愛情等等很多問題，到最後先知已經要坐船離開了，祭司就說，請你跟我們講一講宗教，他的回答是：「這一天我還說了什麼別的嗎？……**你每日的生活就是你的廟宇和你的宗教。**」這就是**我對宗教的認知，它不是理論，更不是辯證，而是你的生活表現出對「真善美」的信仰。**

前幾年，在台灣出了紀伯倫的全集五本，有的是他用阿拉伯文寫的，有的是他到美國後用英文寫的。他的作品全部收集在一起，出版社希望我寫一個序，我就把其他沒讀過的，全部都好好的讀過一遍。

書出版以後，楊照在電台的節目邀請我受訪聊《先知》，講完後，他就笑著問我，王姐你現在還是一個理想主義者嗎？那時候我也六十幾歲了，但看起來還是傻乎乎的！我基本上就是一個理想主義者，如果我不是，而是把人生看得很灰暗、很無趣、很悲觀、很負面，那活著還有什麼意義？雖然理想主義者也常常受到打擊，覺得這個世界並不如想像的那麼美好，可是我還是選擇以理想主義的想法活著，我就是不放棄真善美。這種理想主義雖不是宗教本身，卻是宗教情操。如果沒有這種追求、渴望的話，那人生還有什麼意義？

二〇一〇年，我與初中的級任兼國文老師聯絡上。我們有一段時間失聯，我出國之後，她也跟她先生旅行天下，我們在美國加州見過，後來又聯絡不上，直到她找到我了，才知道我已回來這麼久。她以前在校時就很喜歡我，她是非常虔誠的基督徒，到任何場合一定要傳教，視傳教為職志。

我們現在有時候會見見面，有一次同學會見面，她就當著大家的面忽然問我一句，她說：「王季慶，你是無神論者？」我嚇一跳，當時那個場合也不可能澄清什麼。後來另外一個同學請老師去她家去吃飯，也邀我作陪，只有幾位同學在，我就抓住機會，趁機把老師請到一邊，說：「老師，你上次問我是不是無神論者，我不是無神論者，不但不是，而且我還深深的愛基督，愛宗教，愛美，愛善。」我就跟她解釋我從合一回來以後的那種感覺，跟大家一體的感受，不分你的、我的宗教，沒有種種分別，通通是一家人，以合一的愛，體會這種個別的愛，才是宗教真正的本質。她聽了也很開心，大概覺得我有救了。

我不是一個反對宗教的人，更不是無神論者，我只是不信奉、不崇拜任何特定組織性宗教裡面的神，可是我尊重任何人對於神明或者宗教的信仰，這些信仰出發點都是一樣，都是對超越的一種追求與渴望。最怕的就是宗教壟斷真理，認為別人講的都是邪門異端，尤其新時代往往被傳統宗教內的人們認為是邪門外道。不過現在時代在變，能夠接受的人已經多得多了，只不過由於沒有組織，無法歸宗與認定。

用科學證明玄學

最近有兩位滿有名望的社會人士，直接、間接地觸及「新時代」精神。一是長庚生技董事長楊定一博士，他是王永慶的女婿，從巴西回來台灣後，就在發展生技產業。他有一次接受訪問，我聽了很感動。他雖然是科學家，但常談到心靈面、如何過生活與養生（參見《真原醫》），而且用的是很簡單的方式。我很高興有這種很簡單的東西來解釋科學的理論，可以讓人馬上理解，像我們講得很玄，人家聽不懂也不耐煩去聽。

他用水分子舉例，來證明萬事萬物都是有意識、可以感應的。《生命的答案，水知道》談水分子，這是日本人做的實驗，實驗很簡單，可是能說服一般人，因為一般人常常問，有證明嗎？書中就證明水分子會對善念、溫柔、讚美的話有反應。他從這裡切入，提到人體的細胞百分之七十都是水，水會對美好的話、想法與愛有反應，變成很漂亮的結晶；如果罵它，它就會變成髒臭、亂七八糟、畸形的東西。這教我們人要有善念，一切東西都是一體，都是在愛之下互相溝通，達到最好的結果。我們若保持對萬物讚美、喜歡，每個都像是真理或真善美的一部分，就像大拼圖的一小片，雖然看似渺小，但是作用可能很大，而且是不可取代的。

一個老闆若有這樣的認知，會影響整個企業與操作，因為他以這種信念去經營他的企業，對員工、家庭都會有所影響。每個人都有影響力，不分身分、職業，起碼你最先可以改變自己，讓自己活得很好，然後你身邊的人也會因為你的感染而活得很好。

還有一位是台灣大學李嗣涔校長，他的公視講座影片在土豆網、YouTube 上都有。他從當教授時便用科學方法研究特異功能，先做了很多氣功的研究，發現能量、磁場、氣的變化，有書籍出版與論文發表。那時我也曾經去台大聽他講演，內容很有意思：他講用手指識字，人的五種感官可以互相代替，以科學結果證明了很多玄學的理論。

有一位高橋舞小妹妹，是日本人，她在李教授之下訓練多年，高度開發許多潛能。其實每個人都可以訓練，只是有的人快、有的人慢，每個人的層次不一樣。這個訓練很有趣：用一個不透明的袋子，放入寫有字的紙片，讓測試者把手伸入袋子中以手指認字，受測者並不知道放進去的字是什麼，卻能以手指而不是眼睛讀取，並正確寫出來；受測者有時候會看到影像，或聽到聲音，就會哈哈笑或講話。

李教授有個實驗是：神聖的東西到底存不存在？他的結論是存在的。他說，意識有很多層，當手指接觸到紙片，會先篩選，再傳到腦中的幕屏（第三眼）。這實驗試過很多字，發現每遇到有神聖意涵的字，受測者就看不見。比如「佛」

字，她就只看見光，假如測「佛山」兩字，她就只看見「山」字，而「佛」字是亮光，看不見。如果不是神聖的字，幕屏則會看到並寫出來；或如果是聖人的名字就會看到聖像。比如說「藥師佛」，看得到「藥師」，但卻看不到「佛」字，若把「佛」去掉，「藥師」顯現出來還會有中藥的香味。給手指識字者看「耶穌」，看到的是發光的外國人。

他的解釋是：的確有神聖存在，祂是特別的，祂是超越我們物質界的。他推理說，每一種信仰很像有一個專屬網站，就像密碼對了就會進入專屬網站，所以祂就會有一些反應傳過來。非常有趣。

如果你的心是向真善美敞開的，便會處處逢源，發現現今世界上各國、各文化、各階層的人都有意無意地發出「信望愛」的訊息。我這並不是舊時代的精神病、妄想症，以為世人處處與我為敵，而是新時代「無可救藥的樂觀主義者」。當你發現連汽車廣告都突然出現「當愛已成信仰」這麼美的字句時，怎能不會心一笑呢?!

認清信仰，自律發願

宇宙之奇妙，實在非我們一般邏輯推理可以想像；有那麼多的信仰系統，也可以說那是分屬於不同的空間、次元、層次。當然我沒有資格說哪個是第幾層，但我覺得一個人要有自知之明，你要通到比這更高的層次，下面的層次看得清清楚楚時，才有資格說這是第幾層。現在有的人說他自己開悟了，一直說他可以給你加持、開悟、教你，收很貴的費用，這樣是獨霸、權威性的，我覺得有問題。

基本上，靈性領域有許多不同的層次，你相信哪個，專注其上，就會與之接上。我自己是不會去唸咒，我相信它存在，也尊重它的效用，都是與人為善、教導人的；如果你覺得跟它很接近，就可以去照著做。

後來我想到我曾看到光的那個經驗，那是直接看到光，沒有任何形象或言語，也不知道到什麼次元，可是當時的感應真的是充滿了愛、喜悅，一切都不用擔心、一切都可以放下，完全平安的處在當下，太開心了。

前不久聽說有個派別，會給你一個貼紙說這是消業，用這種很簡單的方法，竟然還去註冊為商標，規定一般人不可以用。這很可笑，開悟的人怎麼會做這種事情？如果說開悟的人就可以拿任何的東西（先不論其信仰或神力）說這個可以消業障，那我就不信了。第一，我對「業障」這個字不太苟同，如果你相信業障，這樣就能消業障的話，那就像西方中古世紀的赦罪券，連告解都免了，只要花錢買赦罪券，所有罪惡就一筆勾消。如果真是這麼容易，那老早在佛陀、基督的時候，所有人都已經超脫了！

假如那個教派只是複述教義、背誦教導，而且嚴格規定其神聖不可質疑，用很簡單的咒語把你同化為他的弟子，其實這是一種催眠與銷售手段。在那個狀態下，集體的力量讓大家相信，所以感覺很有效。在一個宗教或宣傳場合，傳道者講得口沫橫飛，動人心神，全然相信那個能量，能量就真的會聚在一起，那個磁場是非常強的，因為相信的力量是很強的。大家都相信後，能量更加乘。

我小時候曾經想過去當修女，佛教若要當比丘尼要遵守好幾百條戒律，天主教的要求只有三個：一服從、二安貧、三守貞。派我到哪裡服侍我都沒有意見，我當時最大的問題是服從，在正值青少年階段，我不能毫不質疑照單全收，無法完全服從。服從教義對我更難，也沒有辦法做到生活上絕對服從，後來就打消這唸頭。

發願是要自動自發、心悅誠服，不能勉強，所以我沒有辦法勉強自己。如果知道自律，就不會去做傷害別人的事情，也不會想方設法去牟取利益、騙財騙色、以權力操控人家。除非是心神喪失者，要知道自己的內心是很容易的，一般人都是憑著自己的良知就知道善惡，不是來自外面的規定，這是與道德無關的。

社會上的「道德」是「他律道德」，只是社會公認的倫理或傳統，是因應當時社會的需求而發展出來的一套規則。當然不需要為反對而反對，但也不用盲目的接受，自己用心衡量即可。

「真」的不同層次

那麼，什麼是「真」呢？所謂「真」有好幾個層次。

一個是**真理**，宇宙或人生裡的真理，可以以很多的方式來講。宗教中有很多的規定、教義並不是所謂的真理。真理並不分任何的界線，就像前面講的那個水分子，證明「善」的力量；手指識字實驗，證明神聖意識的存在，這都是真理。

還有一種是**真相**、**事實**。賽斯沒有說他講的是真理，只是事實，滿謙虛的；也沒有要你一定要把他的書全部都讀完，或去拜他、去求他。他說原始的社會對自然都很尊重，沒有遠離自然，他很喜歡，很推崇真正沒有遠離自然、保有赤子之心的人，這樣的人並不需要他。像我這種有很多問題、想很多有的沒的、一直要鑽牛角尖的人，需要解答、邏輯、推理的人，就需要讀他了。他的「說法」令我心悅誠服，實在太精采了。

還有一個「真」的部分是**真誠**、**誠實**，對自己要誠實。而我發現大半的人都不太誠實，有很多謊言。誠實是你要非常真的看見自己的內在、思言行、感情，都要很誠實的看到，然後接受，不要批判，自然會有正面的改變。像我把自己翻出來給大家看，都講出來，會被批評也沒關係，因為在合一訓練時，導師要我們「透明」，對自己要很真誠、透徹的看見。

為人做諮商時，很多狀況都是：個人的潛意識或意識沒有辦法接受更深層的東西，受制約所限，總希望自己很完美，無法面對自己真實的感受。如果只能夠接受正面的感受，無法接受負面的，想改進也沒有用，因為根本沒有看到自己的全貌，如何改進？不過是在替自己閃避一些痛苦或是疑惑，只希望給人看到是自己光鮮亮麗的一面，灰色黑暗就留給午夜時分的自己；或者根本不想去做任何追求，只想把自己不舒服的部分給掩蓋掉，這種就不是真。如果你對自己不真，午夜夢迴還是會覺得不對勁，不能完全坦然、自在、快樂、自由，被你自己的東西卡住。

宗教經典也都有相當的真理。真理像珍珠、水晶一樣，非常的美，可是若被外面的東西框住了，就會有點失真。

新時代大師講的「真」

講到「真」的部分，我覺得一些新時代大師講的就比較真實，很多都講得很好，當然有些書是我翻譯的，可能因為我的前生好幾次都在譯經書做祭司，看到那些資料，心裡面就會相呼應，覺得：唉呀！太棒了，怎麼會有這樣美妙可是又熟悉的感覺。那種講到人生、宇宙、真善美的經典，一看到就讚嘆不已，這就是真的東西。

最近在 YouTube 上看到一則最新的訊息，覺得真是涵括了真善美的訊息，叫作「A Message of Hope」（希望訊息），非常有意思，但只講了一小段，卻已令人來不及吸收了！聽說得很久才會整理出書。所以，我只能節錄幾句，但相信大家也會起共鳴的——

- 心的能量場比腦大很多倍。
- 心和腦的混合創造會以情感的方式表達。
- 所有一切皆為振波。
- 人傾向於將自己與自然分開，其實人是自然的一部分。

• 當我們在正面情緒、陶醉於夕陽美景，或感受真愛，或同情他人時，心跳發出非比尋常的頻率，可以影響周遭的人。

• Fundamental Truth of Unity. 在最深層的亞核（sub-nuclear）世界，我們事實上是「一」（註：亞核世界即超弦場，而超弦場即統一場）。

賽斯書是大部頭的書，會嚇到很多人，可是我還是怎麼看怎麼好，只想要找其中最好的一兩句都不太容易。像我看賽斯書時，很多地方都畫滿了線，無法只擷取一段跟大家分享，每一本都有非常好的東西。

像《宇宙逍遙遊》是用像白話詩的方式寫作，也是談到關於人生種種，比《先知》更繁複一點，可是基調很像，看了就覺得，人生一切都沒有問題。比如說，**我們都是不完美的，可是這個「不完美」很完美。**

還有像歐林的資料《喜悅之道》，我第一次看到就打心底暖起來、熱起來，現在再看，還是好開心！近來有新版出現，我花了很多時間修改，可是我一邊修改就發現，我好像都做到了，所以覺得特別開心、喜悅，因為都不是問題了。他說，有很多人喜歡苦修，認為苦修才是正道；其實不用苦修，要「樂修」，要喜悅的去修，走一條喜悅之道。他說那些選擇苦修的人是值得我們同情同理，可是我們不要選擇苦修，要樂修。這個也很容易看，大家以後也可以看。

還有像《與神對話》的尼爾，也非常好。我發現不管珍或尼爾，都是天主教出身的，好像天主教的人特別喜歡責備自己，覺得自己有罪，覺得自己不好，一直想要追求百分之百的純真，結果卻永遠覺得自己不好，就活得很痛苦；直到接上源頭，才發現不必這樣子，其實一切都很好、沒有問題，是想太多，不要那樣想就好了。

賽斯最早便給人們一記「棒喝」——你創造自己的實相。一開始很多人受不了這個「真理」，漸漸地，這句話變成新時代各大師共認的真理。認清、相信了這一點，才會回頭來看，「我為何創造這不堪的經歷？」並不是強調你有多糟糕、你有多無用，不是顯示你的缺陷，讓你非常的失望、悲觀、憤怒，恐懼人生不知道怎麼活下去，看不到希望。其實是沒有看到善跟美才會這樣子，只要認清了以後，就可以有各種層次的「了悟」。所以，**新時代教我們，如何把負面的挫折轉成正面的禮物**。並不是說人生沒有負面，而是有智慧把它轉成正面的，這是一個學習的過程，教你如何化解，把它反過來，變成你透過這些東西學習，學到以後就通通沒問題。

像《靈魂的旅程》與《靈魂的祕密》這兩本書也非常好看，比較易讀，可是講很深的道理，講人生的整個過程，人走了以後還有再投生等種種的過程，講得相當的有意思。

我這個人不接受傳統「業」的說法，業不是一種報應，而是：你沒有來以前，經過那些長老、指導靈一同為你做參謀，指導你、引導你，說你要選擇什麼樣的人生，你需要學習的課題，然後你要設定什麼樣的個性才能學到。因為如果我們太完美，就什麼也學不到，就不用學、不用來了。你來了以後，就把這些東西解一解，就好像一場戲。

賽斯說人生是學習、是教育劇，不需要那麼悲憤。人生一直在輪轉，看你要學什麼，學好了下次就學別的。這都不是強加在你身上的，而是你自己同意到這個世間來走一遭所設定的；而且並不是完全死板不能改變的，當你覺察時，就已經開始轉化了。這就是「業不是別人可以幫你解」的，別人最多只能教你靜坐、催眠，找到你的問題，只是輔助工具。所有你能做的也只是：經過所有的過程以後，你知道如何進入內心與神連結。了解這個道理很重要，可以增加你的信心，知道你的方向，看自己的興趣是要從哪一條路去學，沒有規定一定要怎麼樣。

尼爾說的主要是西方的觀點。在西方，基督教系統最盛行，他從天主教出身，然後經過人生折磨，到差不多五十歲一敗塗地，淪為遊民才開始接到這些訊息。這是個絕佳的例子，證明沒有一件事情是絕望的，你只要活著一天就有希望，就可以轉。不會全部都沒有救，**只要你放下那個「我就是衝不過去」的執著，回頭停一下，看看到底怎麼回事，到時候所有的阻力一轉，全都會變成助力。**

至於「開悟了沒有」也很難講，因為我說過，如果你層次比開悟還要高，你才會知道什麼叫開悟！無論如何，到了那天，你心裡面完全打開，充滿了喜樂、感恩，對於一切給你教訓的人，你都會謝謝他！因為沒有他，你達不到今天。像這樣，我覺得就可以了，你們覺得呢？

宇宙人生的道理

講到「真」，真就是用知性、理性、理解、明辨，加上直覺、了悟。「真」是先用你的理性去了解知識，單單只是對知識的了解就如進入圖書館，還要配上直覺、經驗，然後變成智慧，才是真的，不是死板板的東西，不是拾人牙慧。有了融會貫通的智慧能力，就好像一打開燈，智慧的亮光就照下來。賽斯講過光照（illumination），也翻譯成覺照，是一種意識的狀態，因為你覺知了，好比光照下來，這個新的能量要大過智力，直覺加上知識、理性，才會光照、覺知。

賽斯講的一個根本東西是：人是怎麼來及為什麼來的？他講到最有趣的就是創世。所謂「創世」就是物質世界的發生，當初只有一切萬有，是沒有形體的，只是一大片光、一大片能量；這些能量都有意識但沒有物質，完全是抽象、無形的，就像在夢裡面。像藝術家的創意會產生作品，如寫一本書、畫一幅畫、寫首樂曲，創作的過程就是創世的過程。

假如你有任何這一類的經驗，你就知道，醞釀的時候像是在一個夢裡面，越來越多的想法、靈感一直醞釀。這個世界是從一切萬有的夢裡面出來的，這個夢越來越複雜、越來越多，三千大千世界全都在夢裡面展現，可是還是夢！一切萬有覺得，創作的壓力使祂不知道如何表現。有這個世界、藍圖、想法、概念的夢，可是祂不知道如何把它顯化，就像生產的過程，嬰兒日漸長大。最後，祂想通了，要把祂的一部分從祂裡面分出來；只有祂的一部分，並不是全部，因為祂有無限的能量，祂要把部分能量分出來，變成一個具體的東西。這就是創世的經過。

在那一瞬間，能量不可置信的爆出來，爆成我們的世界，爆成我們的靈魂，爆成一切。很多宗教都講超越，神有祂的空間，我們像蟲一樣永遠爬不到那麼高，所以永遠沒有辦法變成祂，如果我們想要變成祂，就是一種很自大、傲慢的渴望。其實賽斯說，神把自己的一部分分成我們每一個，讓我們在物質界顯化祂，我們便成了神的共同創造者，世界的共同創造者。所以，神是沒有完成的，我們也是沒有完成的，我們一直在變化中；存在就是變化，因為一切萬有包含我們所有的一切，祂的分靈都在繼續成長中，所以祂也不可能完成，祂也在繼續長大。

這個觀念非常的爆炸性，每次想到，我的頭都要炸掉了。不過，不管是情感上或是理性上，都比一般的觀念更能讓我接受。賽斯所說的我不見得完全都懂，就像物理我不可能完全都懂，可是直覺上覺得言之有理、有這個可能，是一個開放性的說法，非常感人。

他又說，這樣並非你就跟神分開了。我們的心、靈永遠是連著的，只是我們不覺察；這是「統一中的分離」。我們都在祂裡面，全部都在祂內部，都是祂的一部分。尤其令人窩心、安心的是：一切萬有有個部分是傾向你的，呵護你、照顧你、守護你，假如你有什麼痛苦、沒辦法解決的事情，可以跟祂祈禱、祈求。

賽斯在《未知的實相》裡講過一段很美的話：「只有一個神，但，在祂內有許多神；只有一個自己，但，在他內有許多個自己。在一個時間裡只有一個身體，但，自己在其他的時間，有其他的身體；所有的時間都同時存在。」他說一切萬有在開始之前，在自身之內，包含所有可能的創造力之無限衝力。《未知的實相》就講「可能性」，這已經超出我們物質世界三維三度空間的理解。

賽斯還講，一切萬有一邊走一邊創造實相，每個世界都有自己的推動力，然而所有的終究是相連的：一個神聖的創造力之真實次元，對「不論其重要性為何」的任何一個意識，都是不可忍受的！這意思是說，有各種複雜或簡單的「不論其重要性為何」的意識構造，沒有辦法去忍受這個神聖的創造力，因為太大了！它其實是我們無法想像的一種愛、一種力量；那就是光，就是亮，就是愛，那個光華無限的次元化（通常是十二次元，三十三層），我們現在想都想不到！

我們現在才講到三、四次元，還有十一、十二次元，別的異次元、外太空世界。現在這些東西越來越多，假如大家看《關鍵報告》就會知道，已經發現很多外星的東西，但沒有發現的還有更多，我們最精密的儀器也沒有辦法看到。賽斯說，無限的次化，那個光華，隨著宇宙呼吸的每個片刻，世界向外盤旋而出，那裡面，多少的星星、光、能量，太驚人也太美了，簡直是難以想像！宇宙這麼的大，這些次元之間必須要有分隔，否則我們沒有辦法理解、體會。我還是鼓勵大家，雖然賽斯不是很容易看，不是一下子就可以看懂的，可是，你要是看懂一點，就受用無窮。

有一位老友，我們剛回台灣來成立事務所時，他就在事務所做事，後來離開了。有一次他跑到內湖的賽斯中心，就跟我說：唉呀！李太太，我看賽斯書已經十八年了，從兒子出生時就開始看，所以知道是看了十八年。建築師那麼忙，他規定自己每天看兩節。他認為先要喜歡，覺得這個很有趣，才會想去看。他說看第一次覺得莫名其妙，不知道在講什麼；幸好這傢伙很固執，又看第二次時，覺得有點意思了；看到第三次，他說，哇！太好了！他告訴我，他都是這樣看賽斯書的：每種書買三本，第一次看用一種顏色的筆畫，第二次用不同顏色，第三次換新的書（第二本），終於看懂了。所以他把每種賽斯書都看了三次。剩下新的第三本，則是留給兒子的。

所以，假如你碰到很大的問題或碰到疑惑沒辦法解決，覺得這個世界真是莫名其妙，就可以看一下賽斯書。不要貪多，要慢慢看、不能急，看的時候在你感動的地方畫線，看不懂就跳過去沒有關係，那感動處會一直繞回來，你會覺得怎麼好像有點熟悉了，再慢慢看就懂了。還有《賽斯讓你成為命運創造者》一書，我也把一些比較重要的觀念點出來了。

麥可資料的重點：靈魂本質的七個階段與七種角色

再講一下《大天使麥可的訊息》（*Messages from Michael*），傳下訊息來的高靈叫做麥可。這是幾個人玩靈應盤傳下來的，是很大、很複雜的系統，我看了也覺得很震撼。但只有一個團體在整理這個資料，無法把問題拿去請教他們，既沒有人可問，也不可能自己去猜，所以我才沒有引介翻譯過來。不過這資料真的很有趣，至少可做參考。

麥可資料說，靈魂也是有過程的，大約有七個階段。剛剛生出來時，靈魂是比較幼稚的嬰兒靈，最後就是老年靈魂，老年靈魂就快要畢業，可以不要輪迴了。

現在到了這個年頭，青年靈魂比較少，青年靈魂比較莽撞衝動有活力。我們大部分都是成熟靈魂，已經經歷很多、學習很多，可是還是有一些衝突、欲望沒有滿足，想要成就你的事業或是你自己，還有很多想要去努力、去奮鬥，還有一些掙扎，權力還沒有完全放下。最容易看到的老靈魂是倘徉在山林之間的牧羊人，或是美國森林裡專門管理國家公園的管理員、漫遊者，在山林裡蓋一間小屋，就在那邊照顧森林，防止人家去盜伐、防止火災等等，基本上是比較出世、甚至是隱士，多次轉世後，對於世間的權力富貴多已經體驗過，覺得夠了。

每一階段的靈都有幾個特性，在麥可資料中都有描寫，可以分辨。比如說，老年靈就是很隨意的，可能家裡亂糟糟的。假如有客人來家裡，一般成年靈還是會整理一下，可能會把一堆東西丟衣櫃裡藏起來，起碼像個樣，還是比較在意。可是到老年靈的時候，他不管，就是狗窩一樣也無所謂，因為他根本不在意這件事情。

除了靈魂的年齡外，靈魂的本質還有很重要的「七種角色」，靈魂本身就帶有角色。分成哪七種呢？**國王**對應的是**戰士**，**祭司**則是對應**服務者**，**聖賢**對應**工藝者或藝術家**，獨立、無對應者的是**學者**。

祭司是為了人的靈魂或是心靈的事情而服務或傳遞訊息，照顧你的心理，是神跟人之間的中介者。服務者是照顧人的社工或護士，這種專門替人服務的人，很有大愛，成為這種人很不容易。

還有一種叫做聖賢（sage），比較喜歡遊戲人間，如濟公，這一類聖賢的修為也很高，但不會很嚴肅地扳著臉跟你講學問，是隨機教你、幫你。聖賢比較喜歡表演，喜歡用表演的方式去表現哲理，對應者是工藝者或藝術家。

這三對就六種了，另外一種單獨獨立出來的是學者，學者比較中立，他沒有對應的角色。

從這七種角色扮演中想像自己是什麼樣子，你會開始研究自己，就好像算命一樣，你當然可以照書上說明按圖索驥，看自己是哪一種；可是因為沒有人可以問，我覺得把這些東西譯出來也沒有什麼用。有很多本書都有談到，我講的還是最粗淺的。

還有很多細部資料，比如你這次人生選擇了什麼障礙、問題。每個人都有自己最需要解決的最大問題，這個問題也是你這輩子來以前就選擇好的，全部都交織在一起。光七種，就搞得七葷八素了，沒有人幫你解的話就很難，所以不譯了，反正有一個作參考就好了。

你選擇一個人生問題需要解決，這也可以說就是你的業，並不是你受罰，規定你要來補贖或被別人救贖，而是你自己需要學習、克服的，這叫作「業」。

「信心」是恩典

還有一本很有意思的書《天堂教我的七堂課》，作者是丹尼．白克雷（Dannion Brinkley）。他被電擊死了三次，第一次電通過他的身體，他死去但又活過來，他居然活過來真不容易。他在死去時有很長一段時間，跑到另一個世界去，看到很多東西，他第一本書寫的就是關於將來的預言等等。

他是那種很蠻橫的美國人，在小地方長大，屬於基督教基本教義派，桀驁不馴、三言兩語不合就暴力相向，算是個不良少年。他在經歷死亡經驗的時候，講到一個很有趣的經驗（後來很多人也這樣講，可是他是較早那麼講的人）：他經歷所有人生的片段，像電影的走馬燈放映。其中有一個很特別的經歷：他欺負過、霸凌過的每一個人，此時變成他，而他變成那些人，讓他去體驗那個人的感覺。他一天到晚欺負人，自己覺得很得意，反過來他被人家霸凌時的痛苦，不管是身或心的傷害都很大，此時他才真正感同身受。這個經驗給他很大的教訓，經過這些，他就改變了很多。

他帶來的七堂課，屬於真理的部分。他看到的東西使他整個改變，完全變成一個全新的人，也從中得到靈感。後來他發明一種療癒人身體的機器；然後他又去病房，專門看護打仗的老兵，因為他也打過仗，以他自己的經驗，去安慰那些退伍殘障兵或受傷、臨終的人，給大家很好的借鏡。

「真」的話語，大家可以看。現在有很多這種書，可以讓你更有信心，因為「真」的對應就是「信」；一般人看到科學事實才相信，但很多不是科學的東西，那就要憑你的信心。信心就是信仰，信心（faith）跟相信（believe）是不一樣的，我相信一件事情並不表示說我有這個信心。信心在教會裡是一種德行，信望愛就是信德、望德、愛德。沒有經過證明就相信的，這種叫做信心，因為不是根據事實、按照推理，信心是靠恩典，直接給你的恩典。

耶穌被釘死，後來復活的時候，來到他的門徒聚集的地方。有一個叫多墨（Thomas，天主教《聖經》譯為多墨）的人，他想，既然耶穌已經被釘死了，他就要看耶穌的手，看有沒有傷痕，是不是騙人的；假如他根本不是耶穌，就沒有傷痕。他要看耶穌的傷痕，耶穌就給他看，然後耶穌講了一句話說：因為你看見了我，才相信；那些沒有看見而相信的，才是有福的！這就是靠「信心」。

人有許多面向

除了光明存在，「惡」到底存不存在？惡顯然是存在的，看我們自己也知道，人有很多惡的東西。我們不否認人有一些負面的傾向，可是，並沒有一個具體的魔存在。賽斯說，因為很多人把不好的部分都推到魔身上去，魔叫我這樣做，不是我自己要做的……這造成很大的恐懼或推諉，其實你去面對就好了，不要為自己的心魔找替身！

賽斯說，人們一直將自己人格未同化的心理成分向外投射。古代的時候，人們將善惡化身為男女神明、惡魔或魔鬼等等各種不同的形象。把壞的性質都推到外面，魔背負我們所有的罪孽，這樣只是把自己裡面還沒有改善、進化的部分，推到外面賦予一個代稱，但其實都是出自自己。不是魔附在人身上，是自己投射附在魔身上，所謂的「邪惡」就是無知及誤解的結果。

早期的人類看到自然力的偉大，於是，風有風神，水有水神，火有火神，這就是所謂自然力的神。這些並沒有好、壞的兩極化，只是人類把不了解的東西當作神，這個自然力的神就是能量，祂們各有所司，人碰到災厄就去求祂。耶和華以後，西方世界排除了善惡力量之間的所有神明，使得人的心理趨向兩極化，把其他的神都切割掉，只剩一位唯一的神。

然而賽斯說，人不只這個身體，我們靈魂有形形色色的分散部分，稱為「片段體」（Fragments）。我們必須重新同化自己那些部分，了解與接受自己那些潛能，而不將之投射於外。要為自己的行為負責，不要推諉。「魔」其實並沒有客觀的存在，附魔算是精神病的一種，是自己形形色色的分散部分彼此之間溝通不良所致。

賽斯講過，你不只一個自己，在你自己裡面，有很多的面向，好像多重人格、多重次元。溝通方式常常是以自動書寫來表現，或自動說話，或聽見聲音，或相信是來自別人的感應訊息……其實都是來自你內心某一個部分的自己而已。賽斯說，這種感應往往被歸為敵人、神明、魔鬼，現在還可以歸為外星人。這些都是強大的、被壓抑的對象和欲望，被歸為所選擇的特定典型，那個類型會十分清楚的指出某個人的基本問題和難局。

向內看自己為什麼會有這樣的附身。你認為你是被什麼附身、有什麼樣的性質，其實是指出來你內心的問題，表示你壓抑、不承認的那個面向。因為人格的戲劇化、誇張的擬人化，讓你變成另一個人了，當家來控制你，其實這根本是你的一個面向，只是你不承認而已。所以，照賽斯所說，一切都是善。

真、善、美這樣講好像是分開的，其實很難區分，都是環環相套的。真本身是很美的，善本身也是很美的，而美也是很善的，是三個面向而已，並不是分開完全不相干。信、望、愛也是一樣：信就是相信真理、真實、有信心；望就是相信世間本質上都是真善美，那你就會有希望，因信心而有盼望。否則，只有天堂跟地獄兩條路，若你有一件事情沒有改過來，就要馬上下地獄！而我們都不是完人，下地獄的機會不少，這樣怎麼會有希望？這樣活著就是痛苦、絕望，變得既怕死、又怕活。

對自己負責，讓意識提升

我一直很喜歡美，美是無所不在的。而且近來越來越多書都講「開悟的人所見皆美」，開悟者完全看見事情背後的那個本質、那個真相。如替賽斯傳訊的珍，還有那個被電擊的作者白克雷，他們看到萬物的時候，萬物真的都在發光、光華四射的。開悟的人都有這種感覺：與萬物合為一體，沒有區分，充滿了光與愛。

跟《聖境預言書》同系列那本書《香格里拉》，故事是說，有個人到西藏去找香格里拉，也講到開悟後一切都有了光、一切都很美，會讓你覺得非常感動。這是開悟後看到的、物質後面那個真實的美。我們在這個世間也有很多的美，美的東西雖然很好，可是宗教會說，這只是物質，有物質欲望的人就沒辦法好好修行……

以前的北大校長蔡元培就講過，西方都是以宗教來培養人的情操，但中國卻沒有一個國教，或很深的宗教信仰、宗教教育，只能夠以美學來代替。他講得非常好，確實，壞的、假的、惡的東西，就不美。**真善的東西是美的，用美學來陶養人的性情、宗教情操，這是一個可以取代宗教的東西。**

物質世界不同感官都有不同的美感功能。看到美的東西，心都飛起來、心都打開了，想要歡呼慶祝生命的美、自然的美、靈性的美。什麼都是美的，連真理也是很美的；像音樂、詩歌、文字、舞蹈，還有小孩子那種天真純真，都是美的。能夠感受到這些的話，你的生命會充滿了愛、感動，覺得沒有白活，覺得是值得的，不用戰戰兢兢的過日子。

我贊成簡樸，一個人不需要太多的物質，但也不一定要苛求別人簡樸，自適就好，不必發作「強迫症」！對人有所幫助，多給這個世界加分，比較有意義；不要貪——浪費，那是減分，這個世界是大家的，大家都要得到好處。相信慈悲、愛跟體諒，就可以體會到信望愛的力量；實踐了信望愛，這個世界就更加的光明美好。**真心的互信，心連心，集體共同能量就能創造出永恆不變的希望頻率，強大到足以防衛並保護我們的未來。**

不管是東方、西方的傳統宗教信仰，都把人貶低，貶得沒有價值，人活在世界上若沒有價值，根本活不下去。活著沒有意義，對你、對別人都沒有好處的話，你真的會很痛苦，完全沒有希望，因為你一出生就是個罪人，貪、嗔、癡都天生具足，永遠都想把自己洗乾淨，可是又永遠洗不乾淨，這個就是「原罪」的想法。

我當初離開天主教教會，就是因為我很不能忍受「原罪」的觀念：為什麼我一生下來就有原罪，一定要受洗才可以把原罪去掉？假如是我祖先做錯事，他自己負責，我做什麼事我自己負責，但我生下來是嬰孩，怎麼會萬惡不赦帶著原罪？

我深信我們都是神的一部分，顯化到物質世界來創造，展現神的種種不同面向和榮耀，亦即，我們基本上都是各自不同卻平等的兄弟姊妹。

用充滿善意的舉動影響他人的生命，是非常重要的，就是要施愛給人，分享愛跟慈悲。還有要相信善，善不只讓你有希望，而且，若這樣相信，這股相信的能量就會一路反射進天堂。基於「相信永恆生命的愛與完美」所做的事，都會反映在死後世界的生活品質上。你怎麼樣活，死後就怎麼體驗；**你相信你有罪，你就活在那個痛苦中。**

【附】給二哥的信

二〇〇九年十月下旬

親愛的二哥：

……

上週四晚上才看到姊的電郵，心沉了下去！週五、六、日有個早已報名參加的工作坊，早出晚歸，無法以電郵與你交談，也沒時間寫電郵，也怕你沒心情看長篇大論的電腦文字（將心比心，因為我是如此）。

這幾天，一直惦記著你，想起每年我們見面時誠摯的交談，真希望能立刻飛去面談！

姊姊和嫂嫂都說你不想再做什麼醫學治療了。你心情平靜，（或是放棄？）我並無意「遊說」或強求什麼，這個決定還是你自己的選擇。不過，記得兩年前我們的長談，最後你說，在「信仰」、「信心」上，你和我同樣的真誠、堅定。你也因為我並沒失去信仰而放下了心。但，關於「愛」這件事，你卻未能經驗到我經驗到的：真切感受到與神的連結，經驗到神（無條件的愛）從未離棄我，永遠與我同在，就在我心中，我即祂的一部分！從那一刻起，我第一次愛上了自己，第一次對「愛」（神）臣服，第一次不再孤單。我完全的接受自己，完全的感恩。因為我感受到祂的愛是Divine Grace，是無條件的贈予，不因我做了什麼好事，不因我修了什麼美德，愛就是「在」。「God Is, Love Is」而I Am——目前的我。不是一個「應該」成為的完美、理想的我，而是不必再去擔心「我值不值得、配不配」的我。

二哥，人不需要「完美」才會被愛。我們太被道德倫理、社會習俗制約了。而由於我們不信神會接受我們，我們便努力自責自咎，以便神垂憐而寬恕我們的錯。即使你悔罪，也被赦免，但你仍負著內疚的重擔！這些，是「人」教給你的，以便控制你，讓你永遠被囚禁，活在自己的地獄裡。最不愛我們的是我們自己，反而做出謙卑敬畏的樣子。但除非我們接納了自己，我們才能愛自己，然後才能自然的「敬天愛人」，而非努力去修善德，努力去討好神，其實內心是個恐懼的小孩。

由於內心缺乏「被愛」、「被接納」的真實體驗，我們往往不斷向外去尋找一份我們渴求的愛，但卻發現，不管我們怎麼找，那些令我們奮身投入的感情，卻都填不滿內心的空洞。工作上的成就，別人的讚美，人間的享樂，都無法滿足我們，許多都是替代品、麻醉品，消除不了我們內心深處的隱痛！

我投入靈性的追求多年，也投入Healing多年，對癌症也投注不少心力。我相信，所有的病都是「心」病，都是愛的能量受到阻塞，生命能量無法暢通而更新自己。癌症尤其是由於人受到精神上的打擊、心理上的恐懼，乃至最後自暴自棄（很可能是潛意識而不為我們自知）。

人生下來，都各有所長，各有所愛，有他最想唱的一首歌。如果為了任何理由，他失去了希望，失去了樂趣，失去了求生的動力，那麼……

光是「存在著」，我們如行屍走肉；而「活著」，則是「非凡的過生活」。非凡的過活就是要活出真實的我，快樂自由的活。快樂、自由、平安等等，都非外在環境，而是自己的心境，自己的感知、感受。

我相信，我們全都是相互連結的，我們都是One，終極是One，而在人間是二元的；有相對的二元，才化出無限的變化和美。我們可以很「覺醒」地創造人生種種，也很覺醒地「觀照、觀劇」。做人，免不了「關係」，我們一直活在關係中，包括與自己、與他人及與自然的關係。這些關係處理不好，難免造成極大的痛苦。從與自己的關係做起，「觀」自己（非批判性地），誠實觀照自己的內心活動，尤其是情感、情緒。不要忽略它，不要排斥它，而是接納。你拒絕承認的，就會一直梗在那兒。承認的，自會改變、消融。

我們上的工作坊，教我們大聲說出 Truth is never wrong, truth will set me free……**當我們選擇做我們自己，而非「我應該是怎麼樣」——這就令我們自由！**

其實長久以來，我們有一種練習，就是假設今天是我活著的最後一天，我要怎麼過？這就是提醒我們，人一出生就是個向死亡前進的旅程。不過，我們不認為死亡就等於「滅絕」，而只是此生的句點。我們只認為與其沉湎於過去的痛苦，和預期未來的恐怖，不如「活在當下」，「Here and now」，因為那是你唯一可以真正經驗的片刻，所以要以最大的平安喜悅過這一天。

我自己對此生已滿足，現在每一天都感恩是額外的禮物。所以，如果你已體驗到愛的幸福和喜悅、平安，那我沒意見。可是，你好不容易才撐過幾年的病痛，終於得到很大的覺悟和改變，變得和平、柔軟、脆弱（承認脆弱才是強者，假裝堅強反是弱者），並且能夠重建與嫂嫂及兒孫的和諧親愛的感情，我覺得這才是你該勉力活下去的理由！使得你的各種關係更加圓滿，更令你和他們都無遺憾。對了，就是不要有所謂「未了之事」的遺憾！

二哥讀了信很感動，馬上打電話來（之前，他已不願接電話），表示願意再努力。

這個夏天，我們三兄妹都在他家歡聚，輕鬆聊天，回憶起年輕時的趣事，融洽溫暖。

一年之後的感恩節後他打電話來，說他們全家三代在感恩節齊聚一堂，他也向全家人致謝與道別。我問他是否 at peace with himself and at place with God，他說是的。我便說，那麼不要再吃苦，平安地走吧，我愛你。

之後再打電話問候時，他多半在睡眠狀態，最後於二〇一一年元旦逝世。

賽斯在《靈魂永生》裡說：「當死亡發生時，『內我』感受到它的自由，而有一種極大的謙卑感，卻又有一種極大的狂喜。所有我的死亡都補足了我的人生，因為對我而言，似乎別無他途。」

以信望愛來體悟、實踐真善美

信望愛裡面，愛最重要，所以我們一直在講愛，賽斯也講，《聖經》裡面也講。愛就是與神連結，回歸本心、真我，就是臣服於愛，愛源源而出，永遠選擇愛而超越恐懼。

另一個高靈伊曼紐講的比較容易做到，他說：我們人生一天到晚在做選擇，你做每個選擇的時候，停一秒鐘問問自己：我這個選擇是出於愛還是出於恐懼？要臣服於愛，永遠選擇愛，而超越恐懼。因為人有時很難做選擇，而且有時候事情表面上看起來是一樣的。比如說我辦告解，是出於愛還是出於恐懼？我去幫助人，是出於愛還是出於恐懼？不幫人是不是我的價值就沒了，就要被罰？還是因為愛？這是無條件還是有條件的？

有條件的愛是好的，但不是最好的，無條件的愛才是神的愛。人間常常是基於利益，你對我怎麼好我才對你怎麼好，那都是小愛，或許也不能算愛，只是交易。當然，這總比「對人不好」要好，可是還是有條件的愛。

你要覺知是出於什麼而付出，慢慢地，你的心裡充滿愛而滿溢出來，你的光發出來，就會讓人感覺到那個愛。你不自覺的在發光，就是你的愛已經散出來了，這個愛是自發的、無條件的。擴而大之，意識提升，體驗到合一、四海一家、宗教的美，所以宗教的最終教導就是信望愛。能夠實踐信望愛、實踐真善美，每個人對自己負責，自發追求，沒有人規定你、對你要求，是自己要求自己，而你就光照別人。

賽斯講了一段話非常有意思：**每一個人其實都很希望服務別人，充滿大愛；可是，如果每一個人都對自己負責，這個世界就沒問題。**你自己做什麼都快樂，也不去責備、抱怨、怪罪別人，對自己的生活負責。這樣子的話，就可以全體意識提升大躍進，躍到另外一個空間去。

第六堂

揚升於愛

揮別悲情

跟所愛的人分享美感經驗，連心心相印也是心靈上的絕美；「美」是最大的療癒，可以療癒你心裡面的傷痕。

要揚升於愛，藉愛而提升，讓心靈在天上飛，你就會很自由、很快樂、很喜悅、很輕鬆。

今天要講我的愛情故事——揚升於愛（Rising in love）。平常大家是講墜入愛河（Falling in love），好像「掉入」愛河裡了，是一種情不自禁的感覺。而我自己的切身經驗的確是滿墜落的，這種「墜入」好像是不可自拔，雖然墜入以後沒有淹死，可是會載浮載沈，事實上是學到了很多滿痛苦的經驗。

去合一以前，我已經心如止水，心不會浮動，很平靜；可是到那邊有那個體驗以後，忽然覺得心裡充滿了愛，這個愛是來自我的神，祂一直在眷顧我。以前我一直以為我是孤孤單單的，心裡空空的，有一種空洞感；可是當時忽然有個感覺：心被填滿了！那個喜悅是毫無理由的一直湧上來，好像那個洞不見了，變成一個自流井，心裡有很多愛與喜悅，自動的湧出來。

到二〇一〇年，在我根本沒有任何期待的時候，就忽然碰到了他，我很喜歡這個人，我覺得彼此是一種無條件的愛。我也很意外還有這種事情，因為除了食欲，我根本沒有欲望，七十而從心所欲不逾矩，我很輕鬆自在，一點都不會想怎麼樣。我告訴自己一定要記取教訓，不要再墜入愛河，而是要揚升於愛，因為我無所求。然後，他對我無條件，我對他也無條件，藉愛而提升，讓我的心靈在天上飛，很自由、很快樂、很喜悅、很輕鬆。

其實，有時候飛的時候也會「晃」一下，像遇到一點亂流，並不是飛得那麼開心。心裡面有懸念，反而會比較累，因為你會記掛著有這麼個人，想知道他怎麼樣了？有得有失，變成沒有那麼無憂無慮、那麼輕鬆。可是我還是勉勵自己不要再重蹈覆轍，時時記住這點：要揚升於愛。

美是最大的療癒

我因為準備要跟大家分享我這一生的故事，這幾年來也一直在反省（到這年紀也應該反省了）。我常常一邊反省、一邊很感動或感慨。我一輩子都在追求真善美，而且是以信望愛去追求。《聖經》講信望愛三個都很重要，可是其中「愛」又比什麼都重要。

真善美是我人生的價值，活著沒有追求真善美，就一點意義都沒有。在真善美裡面，我覺得美最大，因為真就是美的，善也是美的，加上美的東西也是美的。最近看了一本《靈魂的禮物》，剛好也呼應我這個感覺。那本書說得是一位義大利的心理學大師一生對美的推崇。他年紀滿大了，也覺得美是在人世間最重要的一個感覺，因為處處都可以看到美。**「美」是最大的療癒，假如你心裡面有傷痕，在「美」裡面可以療癒你。**我就是一個非常耽美的人，耽溺在裡面就不太願意出來。從自然到人文，天地間一切的美，我都非常的喜歡，這些也是我人生的一個特質。

因為二〇一二年，一些悟道的人都出來講他多少年來的修持與開悟經驗，我覺得，真正的開悟是處處都看到美。我之前講過修佛修禪的人那種悟，是物我合一，沒有你我的分別；在那種合一中，有最大的幸福感，認為一切都是美滿的。

我從小就很孤單疏離，覺得自己是外星人，不太了解人間的情感到底是怎麼一回事。我在猜，這樣反而讓我的個性裡有一部分，非常想藉著感性的追求，了解人為什麼會心動、會感動，而不只是理智。我的頭腦是很清楚很理性的，真理對我來講是一種很透明的感覺，是這麼清澈、有道理，一看就知道，那個理是不會受到糊里糊塗的污染，是很清晰的。可是碰到感情，就沒有那麼容易釐清了，有時候人家看起來好像你很糊塗。其實我掉入其中時，雖然覺得自己很癡，但是不迷，我很堅持不要去否定自己的感覺；這種癡好像迷迷糊糊，雖然是在感情中沉浮，但還是會有一個「我」在觀，這是很奇怪的感覺。越到後來，觀自己時又產生一種距離。

小時候因為家庭關係，母親在我出生後還沒滿月，她就離開一、兩個禮拜，當然那時候我還小不懂，但是那種恐懼跟創傷一直在心裡。然後到我十歲時，我母親真的離家了，不知去向，不知道她怎麼樣了，也不知道還會不會再看到她，所以只要一想起來，就莫名地憂鬱，我約莫有所謂的分離焦慮症。

還記得我們家的母貓生了一窩小貓，小貓太多要分送出去，我在巷口看著小貓被抱走，眼巴巴的目送牠，總覺得一分別就不知能否再見。這一直是我心裡的一種陰影，所以在這個人間總覺得很陌生、失落、恐慌，因為死了以後，就跟這個人世、你所愛的人、你喜歡的人永別了！我以前怕死，就跟這個有關。

愛的無條件與無怨無悔

我常常想到杜甫的〈夢李白〉：「死別已吞聲，生別常惻惻。」在我很幼小的時候，就一直有這種感覺，沒有放掉；當然，我現在只是回溯過去，現在已經都沒問題了。孤單恐懼造成悲涼悲傷的那種空虛的感覺，就好像心中有個大洞。那時也不懂向內求，反而向外求，反正就是有所憧憬、有所追求，至少在愛上某人時，心中會覺得比較踏實，心裡那個空洞感有了填補，至少不會想死啊、活啊那些可怕的事情。好像只有愛才能填補那個空洞。

我又覺得，愛的感覺是如此的美，所以像我這麼愛美的人，就一直以愛來填補我的空虛。可是有一次，有個人講一句話滿傷我的心，他說：你說愛我，可是你把整個心都送出去了。他說他沒有辦法愛一個沒有心的人……這是不是很恐怖的一句話？

我承認我一直是屬於外貌協會的，從小就那麼愛美，但又知道自己並不是個美人胚子，從來也沒有人說我很美。對美很敏感的我，看到美的，我都會知道，就很羨慕、很喜歡、很欣賞；除了外貌以外，還有溫柔、體貼、照顧的感情，這些愛的表現，都讓我覺得非常美。還有，跟所愛的人分享美感經驗，更倍增美麗，連心心相印也是一種心靈上的絕美；當然還有浪漫情懷也很美，而我一直非常浪漫（這些真是害死我）。

我小時候就很愛看書，看了很多西方文學名著、神話，東方的看得比較少，可是中國古典文學詩詞歌賦仍是非常引起我的共鳴和感觸的，整天都沉緬其中。在我的腦海裡，好像愛與死是分不開的，就像川端康成講的「美麗與哀愁」，美麗跟哀愁是分不開的，所以我就很憂鬱、多愁善感。我還看過一本書《憂愁夫人》（*Sad Mrs.*），這種古典的西方文學，內容真是悲慘極了。

而且我喜歡音樂，歌劇裡有很多絕望的愛情，越絕望越美；還有現代的音樂劇，像《歌劇魅影》，愛情那麼淒美、音樂那麼好聽，盪氣迴腸，聽了心都絞在一起。以前年輕時比較會哭，後來到了四十幾歲以後，碰到這些情感上的打擊，雖然心裡傷痛，可是哭不出來；就特別去找歌劇來看，像《茶花女》，一邊看一邊痛哭發洩一下。我很努力的疏導自己內心多愁善感的情緒。

愛與死好像是分不開的，像一個法國名作家雷馬克（Erich Maria Remarque），他寫了《凱旋門》（*Arc de Triomphe*）等等許多名著。《地平線上的車站》講一個年輕英俊的賽車手跟一個女人的戀愛。女的患肺病，這在當時是絕症，一定會死，所以一個天天在生死邊緣和病魔搏命，一個日日在驚險的鬼門關前徘徊，兩個人愛得轟轟烈烈。這個故事跟我想像的完美戀愛是很貼近的，也就是說，人活在死亡邊緣，隨時一切都會煙消雲散，而這點使得戀愛更淒美、更有張力；也許今天兩個人還愛得纏綿悱惻，明天就拜拜了，生死兩茫茫了……其實我們人人每天都活在死亡邊緣，只是我們不覺知。

還有，越淒慘越淒厲的故事我越喜歡，現在大家都不看這些書，真的很遺憾；不過也好，這樣就不會像我那麼慘，掉到別人的痛苦裡，痛不欲生。像《冰島漁夫》（*Pecheurs d'Islande*），作者是法國的海軍軍官畢爾．羅逖（Pierre Loti），整本書一直描寫海、海浪、霧那種感覺。我自己非常喜歡海，他把海的千變萬化寫得出神入化，把海描寫到簡直不可想像的美，像人的感情一樣，那是很難寫的。

書中的一段感情並沒有第三者，只因為某種矜持、誤會，就再三錯過表白的機會；到真的表白時，已經不知經過多少年的折磨了。終於表白不是很好嗎？可是他們在一起六天後，男主角又出海了，就再也沒有回來。好不容易終於聚首，好不容易兩個人終於相認、相愛了，卻是最後一次。所以我常常覺得，有愛就要趕快表白，不要等到人家走了，或是你自己走了，都沒有機會表達你欣賞之情。要把握時機去感激對方對你的付出，讓人家感受到你對他的愛有多深，很真誠地去珍惜這份感情。

愛的定義以前對我來說，不只需要無條件，還要無怨無悔的犧牲，我這個觀念也是看小說得來的。在我心裡面，愛的典範就是狄更斯的《雙城記》（*A Tale of Two Cities*），是以法國大革命為背景所寫成的小說，一段描述為愛犧牲的感人故事，描寫地點時而巴黎、時而倫敦，或雙城交錯。女主角美得不得了，又賢慧，男主角愛上女主角，可是女主角卻嫁人了，嫁的先生長得和這男主角很像，像雙生子那麼像。男主角只能在心裡愛，沒有辦法表白，他也不想去破壞人家。後來女主角的先生因為革命關係入了冤獄，關入巴士底監獄，男主角因為長相神似她先生，就冒充他入獄，代替他死。啊！這才是驚天動地的真愛！為了愛可以犧牲一切，甚至性命。我的愛情迷夢就是這樣子。

還有一個典型是安徒生童話《人魚公主》，以前覺得人魚公主太偉大了，要這樣子愛才行！我一直到研究新時代之後才改變這種想法。

人魚原本在海裡無憂無慮游來游去，有一天她看到船上有個俊美的王子，不禁愛上王子。後來這艘船發生船難，她救了王子，可是她沒有人類的雙腳，無法上岸生活，於是求助女巫幫她把尾巴換成雙腳。女巫要求以她的聲音交換，因為人魚公主很會唱歌，聲音美妙動人。她答應了女巫。

有了雙腿後，雖然可以走路跳舞，但是每跳一步，腳底痛如針扎，雖然跳得那麼美，外人卻不知其痛，她為了博得王子的歡心，就忍痛曼舞。

她把王子救上岸，王子眼睛睜開時，看到的卻是另外一位公主，於是以為是那位公主救他的。人魚公主失去聲音，不能唱歌，也無法表達，只好任王子誤會下去。她見到王子，王子也覺得她很可愛，又會跳舞，但不會唱歌。王子不知道她是他的救命恩人，誤以為另一位公主才是救命恩人，所以打算跟那一位公主結婚。人魚公主很傷心，又不能言語，一旦王子愛上別人，和別人結婚，人魚公主將變成泡沫。若變成泡沫，沒有身體也沒有靈魂，就只是泡沫，太悲慘了！女巫又說：如果要避免變成泡沫的命運，妳就要拿一把刀去殺了王子，為了救自己的靈魂、救自己的命，她必須去殺死所愛的人。

假如因為嫉妒，人魚公主很可能就會這麼做，但這樣反正得不到所愛，別人也不知道她愛王子。但是，人魚公主是這麼的純真、純潔，所以她根本不會這麼做。最痛苦的是在王子結婚那天，人們開開心心的唱歌跳舞，王子和新人甜甜蜜蜜，人魚公主落寞地離開，躍入海裡，變成了泡沫。

這就是我心目中的所謂「完美的愛」。我一直到研究新時代之後，才改變這種想法。我覺得這個故事根本不應該算童話，會讓小孩子「中毒」！像我這種笨蛋，一讀之下，驚嘆：這麼美！羨慕得不得了，其實這根本不是小孩子能懂的境界，是成人的童話。

幸虧我怕死，才沒有去自殺。後來經過很多事情，雖然很痛苦，還好都沒事，都活回來了。

那一年，我們戀愛的感覺

小學時，我曾對一個小學同學動心，這大概是我記得的比較認真的一次。後來也沒有下文，因為才小學生嘛！

到我高一的時候，這個男生忽然出現，在我們家巷口站崗！我們家是一條死巷，他跨著一部腳踏車站在巷口，我走出來看到他，嚇了一跳。他交給我一封信向我表白，說他喜歡我，希望做朋友。可是那個時候我已經在一女中了，是很用功的學生，心無旁騖。他長得很俊俏，可是有點跩跩的太保樣，如果我們是從小彼此喜歡，大概就很難分開，但我已經過了當初那種喜歡的感覺。我就寫封信回他說，現在沒辦法交往，勸他好好唸書。他也很乖，就跑回去唸書，起碼沒有做太保。

大學時，他又跟我聯絡上，因為他考上空軍官校變成飛行員，當飛官時跑來看我，那時候我已經對他沒有那種感情，可是是好朋友，感覺友善，就帶他在校園到處參觀一下。

在高二的時候，我大哥的一位同班同學到我家來，這個人長得真是漂亮，就像《那一年，我們一起追的女孩》裡的男主角那樣，甚至比他還要漂亮，一百八十幾公分，瘦瘦高高，白皙清秀，玉樹臨風，允文允武。他很會打籃球，台大土木系畢業，寫得一手好字，鋼筆、毛筆都好，而且文采出眾，我們現在還是朋友。

當時我十七歲，他已經畢業了，就去美國，我們保持通信。到我去唸成大的時候，他寫信來表白，說他本來就喜歡我，可是因為那時候我還小，所以他不願意干擾我。我們通信往來相談融洽，我常常一句話就能說到他心裡。可是後來發現，他的缺點是太多情而猶豫不決，他喜歡的不只我一個，他也很坦白的告訴我，還有一個女生一直追到美國去，還住在他旁邊，他說他兩個都喜歡；不確定性太多，我就沒有非他不可了，還好我們也沒有真的談過刻骨銘心的戀愛。

然後到大學時，認識了一個同學。我年輕時候喜歡的人都是天使一樣的氣質，高高白白很純真的感覺。碰到這個同學，他高大但是不瘦，氣宇軒昂，像神話裡的天神一樣；他會拉小提琴，還會別的樂器，也是樂隊指揮，非常有派頭的樣子，而且人非常好，是個虔誠的基督徒，我覺得這個人實在是太完美了。

我們建築系的學生在學校常常熬夜趕圖，有一次我吹口哨，吹貝多芬的F調羅曼史，吹著吹著停住了，他就跟著吹，默默的呼應。我們兩個很有默契，可是他從來不主動，我也沒辦法。

在他前面還有一個，我到成大唸書後，忽然在一個場合碰到一個人，我們聊起來後發現，原來兩百年前我們是同宗的；我父親是湖北人，兩百年前他們同宗的一脈遷到四川去，所以現在見到這個是四川人，是同宗、同一個輩分，年齡還差不多。這個人很有趣，他的眼睛像小鹿非常的柔美，迷迷濛濛的很會放電，我就被他電到。

他對我也非常的好，很體貼、溫柔。可是後來發生一件很小的事情：我發現他占一點小便宜就很高興、開心，我當下心裡就覺得不喜歡這樣子。我不在乎人家窮，可是人窮不能志短，要很正派，不要短視近利。他可說犯了我的潔癖，心靈的潔癖，結果我就放棄他了。而剛剛提到像天神的那個又沒有動靜，也就沒有下文了。

後來我的前夫就開始追我了，他高我兩屆，常常來幫忙；我們在趕圖時前輩都會來指導，我就被他追上了。當時已經把他當做是未來的對象，我那時候對他滿專情的。

除了喜歡戀愛的感覺，我也喜歡做一個賢妻良母，覺得他是一個美滿的伴。我那時唸甲組工學院，父母從沒有幫我介紹什麼人，都是我自己去交朋友。我覺得他很有才氣，對人也很好、很正直，家裡也很窮，這樣很好；我不喜歡很有錢的人，怕有公子哥兒的習氣。我們的交往就固定下來，我是預備以後要嫁給他的。

我們前後戀愛了七年，他先畢業，但是考不過台灣這邊出國的留學考（不是托福）。除了留學考，不然做兩年助教也可以有出國留學的資格，他為了要取得留學資格，就去當助教。他當助教一年後我也畢業了，可是，我還是等他一年，兩人計畫同一年出去。

留學波折，走入婚姻

看起來好像一切都順利，我們兩個也都申請到學校，連機票都訂好要同一天走。這中間我也幫了他一個忙，他得到了普林斯頓入學許可，可是學校來信說，他各方面都很好，只有英文不太行，學校要拒絕他；我就替他寫一封信，說：我在設計各方面非常行，數學也沒有問題，別的科目都好，只有英文稍微沒有達到要求，去了以後，可以再加強提升，並不是沒有進步的機會，並不是沒有才氣或根本不行。學校居然就接受了，一切好像都很順，然後他還得了獎學金。

我本來都通過了，去美國使館見副領事，還口試，問我幾個問題，我都可以回答，他說，你英文沒有問題。但去辦簽證的時候卻沒有過，真是晴天霹靂！因為，他們估算我學成了應該不會回來，會直接居留在美國。因為我一個哥哥、一個姊姊都在美國那邊，我在台灣這邊沒有牽絆，假如我一去的話，等於我們全家都會移民。

我很生氣，辯稱他們也去唸書，假如唸完沒有回來，那是他們個人的事情，他們個人要負責，怎麼你們要為他們的事把我壓下來呢？他們不管，雖然我講得很有道理，但他們不聽；而且，當時美簽規定很嚴格，不能結了婚出去，因為假如兩個人都出去，他們更覺得你不會回來。而且還要有財產證明，像我的案子，連有財產都沒有用。一旦沒過，留下一個案底，再去想辦法疏通、給任何證明，都沒有用，就是不讓我去。我已經申請到學校，也有獎學金，卻不能去，只能在機場送我前夫。

我哭得死去活來，非常生氣，只好一個人回家……哼！你不讓我去，我就一定要去，你等著瞧！那時是八月，但我沒有力氣再爭取。好幾個月以後，到年底，我就從頭來過開始申請到加拿大。我會去加拿大留學，就是這個緣故。

申請加拿大時很順利，可是在加拿大沒有什麼機會發展，如果想去美國，有案底又很難過去。我問前夫說：你可不可以過來？他也不願意，因為當時覺得美國比加拿大要好太多。建築師是很特殊的行業，不是你在家裡閉門造車就可以謀生或有什麼成品出來，沒有人請你做，你根本就沒有成品；加上人生地不熟，也沒有社會背景、地位，英文也不夠強，如果個性也不是社交型的話，很難有任何的機會。

成大建築系當年只有四年大學部，到加拿大英屬哥倫比亞大學建築系，從大學部到碩士班有七年，他們沒有單唸建築的碩士。學校說，我算是在建築系，可是我得去都市計畫系補都市計畫的課。都市計畫系又要修別的學分，比如社會學，我根本沒有學過，我學的是工程跟語文，還有中國史地；學校認為做都市計畫的，需要對社會的結構、對社會學有了解，才能做適合人居住的都市，所以唸都市計畫要修社會學。

有一次，都市計畫班的人都要去美國西雅圖的華盛頓大學開研討會，那裡離我們學校有三小時的巴士路程。因為只有我需要簽證，同學都不用簽，我就請系主任幫我寫一封信，說我們去那邊是要開研討會。美國領事問我，以前申請過美國的入境沒有？我說有，只是被打回來了，因為美國怕我去了就不回台灣了。還好因為系主任願意給我一封證明，就簽了一個多次簽證（multiple visa），可以往返美、加好幾次。

我在加拿大的時候，覺得很孤單恐懼，無法應付課程，因為實在是太難了。我去圖書館借書，花了一上午，還沒借到要用的書；社會學或是都市計畫那些書，都不會找，在台灣也沒教怎麼找書。上社會學的課時，因為有很多專有名詞，我聽不太懂，還要買錄音機去錄音；錄音機是那種很大、兩個轉盤的，這樣才勉強聽懂一些。花很多力氣做這些事情，真是痛苦極了，心情壞得不得了。

上完一個學期，到聖誕節、新年假期的時候，我就決定到美國去，因為我一年後若畢業，就沒有理由到美國，而且我的簽證有時間限制。我前夫也說，你趕快過來……於是我坐了飛機就飛到美國。當然我得先跟系主任講，他很訝異，我再幾個月就畢業了，為什麼非走不可？我執意要走的理由就是：我可能唸完就去不了美國了，我先生也不會過來。

後來我偷溜到美國，那時我前夫很高興，看我到美國，就準備著結婚。我那時候沒有身分，不能工作，也不能再上學，既不是學生，什麼都不是……因為本來就已經訂婚了，好吧！那我們就結婚。

婚後仍追尋「愛」的感覺

那時候在美國結婚，婚後就變成學生的眷屬，也不能工作；既然如此，因為我很喜歡小孩，我就說我們趕快生小孩好了，早點把小孩養大，我還可以回去唸書或工作。有了一個小孩以後，沒想到第二個也跟著來，只差一年，那麼快就再懷孕，造成我這一生非常大的轉折。

我們結婚時是沒有任何「資產」只有「負債」的。前夫唸長春藤大學，費用驚人，雖有獎學金，事實上是不夠的。他一年半之間沒去端過盤子，所以跟二哥借貸了三千美金，婚後每個月少得可憐的薪水，我都得先扣除還二哥的五十元，才能謹慎運用。

我們從來沒有度蜜月，連蜜周也沒，前夫每天加班，賺點加班費。在我記憶裡，加班似乎是「不可避免之惡」，多年來視為理所當然。大兒子小時候就看在眼裡，曾說不要學建築，因為建築師沒法陪妻子兒女，可是他還是走向同樣的路！

因為要申請綠卡，得健康檢查，卻說我肺部有什麼陰影。回家有嬰兒，怕會傳染，先得住院隔離。三個月後確定是「非開放性」肺病，不會傳染。

我們兩個開始出現問題。一開始是我不對，但是他的反應造成我心理上的折磨。感情一旦有了疙瘩以後，就沒有辦法很圓滿收場。後來越來越覺得，沒有辦法像以前一樣很深情的去愛他。

他還是很愛我，可是彼此常會有一些心理上的折磨。一直到一九七一年在台灣，回來三年了，我看到前面提到的那個同志（gay），對他一見鍾情。我這個人很認真，假如沒有心動，我不會糾纏不清，可是一動心的話就完了，沒有辦法否定我的感情，但那時候也沒發生什麼事。後來我們又回美國去，一九七五年，他到前夫工作的事務所去工作，後來就發展出來一段一年的情感。

他就是那種到現在還是很漂亮的人，他真的很漂亮，像小王子那種高貴的風采；他又很淘氣愛玩，這兩種特質在一起就很迷人。他什麼都不在乎，廣結善緣，處處逢源，男女老少都喜歡他。那時候我才三十幾歲，可是卻自覺我老了，心情比現在還要老；因為他比我年輕，又那麼瀟灑自在漂亮，還很有才氣。如果沒有才氣我大概也不會喜歡他，除了美還要有才。

他對色彩、設計的表現是比較偏向室內裝飾，細部很細膩，顏色、比例的配置都做得非常好，我每次看到他的作品都覺得棒極了，那種愛慕就會湧出來。這讓我想起一部電影《苦雨戀春風》（Written on the Wind），顧名思義，一個年紀比較大的女人，愛上一個年紀輕像春風一樣的男人！

每次約會完，我都會寫小詩或短句給他，講我的感覺、感觸。《源氏物語》就講一個日本貴族公子哥兒源氏，他到處約會、處處留情，文中極盡能事的細膩鋪陳衣飾之華麗；他老少通吃，不分年紀大小，不管已婚未婚，他常會寫小箋差佣人送去給他喜歡的女人，用文字詩詞來表達內心的感動跟感觸。我寫小箋給我的情人，他看了說我怎麼那麼古典，他看不懂，因為他是僑生，他的英文跟中文都不是很好。

其實，我最愛的是那個「愛」的感覺，戀愛的那個情調、感覺、浪漫、美，我剛好渴望，剛好這個對象跑進來，「碰」的對焦了，正好合（fit into）這個畫面，一旦一見鍾情，就無法自拔了。

在這段際遇裡，我改變了很多。以前的拘謹和壓抑放下不少。無論在飲食、衣著、思想上的種種「限制」漸漸打開，更加輕鬆自在。

現在要再說一說我大學時遇見的那個像天神一樣的男孩子。一九七二年，我前夫到日本設計大阪博覽會，我帶小孩子住在離我娘家不太遠的地方。有一次，在路上碰到這個老朋友，我們都好高興，因為已經許多年沒見過面。大學後期才知道他身體有狀況：是腦血管畸形，也就是腦血管有一個血管瘤。所以我們大學四年唸完，他五年才唸完，因為他不能承受每晚開夜車的壓力。我們畢業設計還在同一組，他可以先進行畢業設計，可是他有些學科還沒有修完；他有時候會忽然間呆掉，那個時候我就知道他有問題，但他還不至於倒下去，就是瞬間完全沒有意識了一、兩秒，那時候他才說，他身體不是很好。

久別重逢，他很高興，就到我家坐一下。因為我們兩個從來沒有講白過，只是你知我知心知肚明而已。他暗示了一下，他說他那時候知道自己有病，是不可能跟人家結婚的，他不可能有家庭、婚姻生活，所以，他沒有交任何的朋友，辜負了女孩子的感情。我本來也知道他有問題，可是聽完他的解釋還是滿傷感的，真的是一個很正派的好男孩。

受到前一段戀愛的打擊以後，我開始靈性的追求。因為那時候太痛苦，假如沒有找到一點寄託，我真的活不下去，於是開始到圖書館去看書，先把自己逼入死路，然後再重生。看了許多書，玄學、靈魂學、超心理學、賽斯，看到賽斯以後，我發現我所有的境遇都不能怪別人，所有痛苦是自作自受。從今以後我不會去怪罪別人，不再認為自己是受害者，除了受自己之害，沒有受別人之害。

塔裡的女人

我們一九七八年就回台灣來定居，因為我前夫要回台灣做事，他比較喜歡回台灣做事。我在家裡的儲物小房間弄了個工作室，漆成全黑，在裡面讀書、譯書；這是沒辦法的辦法，我逃到洞裡，一面譯書一面養傷。

一九七〇左右，我們第一次回台灣，我就開始幫《婦女雜誌》寫專欄；回美國以後也繼續。專欄我曾用「塔裡的女人」為筆名，因為我覺得我把自己囚禁在塔裡，隱居起來躲在裡面，根本就不肯出來，所以叫做塔裡的女人，跟真的《塔裡的女人》（無名氏著之暢銷小說）沒有關係。還有，有時候寫比較勵志型的文章，我就叫擊磬，跟我的季慶諧音。擊磬是來自孔子講的「有心乎擊磬哉」，表示這個人很有心想做些什麼鼓勵人心的事。

第二次返台定居後，我也不想出去社交，就翻譯賽斯，可是有一個朋友辦《仕女雜誌》，因為他知道我會寫專欄，就請我寫專欄。寫《仕女雜誌》專欄時，就用平常心，看起來比較不會那麼哀怨。

自從進入新時代以後，就比較好一點，可是並沒有斷掉我喜歡墜入愛河的毛病。我覺得此生應該是我最後一世，這一次回台灣以後，假如有人對我示愛，可能是我前生欠過他的情，就好像林黛玉。林黛玉前生是絳珠仙草，欠了賈寶玉前世神瑛侍者的澆灌之恩，傾一生之淚回報，這好像有情債的感覺。可是我不要再欠人家的情，以免以後還得回來還；至於別人欠我的（因為我愛起來比人家認真，所以別人可能會欠我的），因為我不想因為這個事情再來，所以我免了他的債，不追討，一筆勾消。

我以前條件很多，屬愛美的外貌協會。慢慢越來越觀照自己的心情起伏變化，刻意的把這些條件改掉，漸漸放棄我那些對外貌的要求，不管是國籍、省籍、外表、高矮胖瘦，越來越不執著外在條件。

我本來對人際關係，不管是友情還是愛情，從來不以權與利益為基礎，不會因為這個人家裡有錢就想攀附。不管我的愛情生活是不是有點亂，起碼我是很真誠的感情，真誠的愛，只希望對方對我好而已，並不是要換得任何的利益、權利，對社會地位、家庭背景，也都沒有偏見。

療癒自己

我特別喜歡白手起家、誠懇的人，而且我從來不會傷害別的女人。我對這些男人當然沒有傷害，因為都是他們來找我；我也不會去玩弄人家的感情。我把愛情看得很神聖，雖然不在婚姻的框架內，可是不玩弄別人也不玩弄自己，只誠懇的尊重我自己的感覺、尊重別人的感覺。從來不做第三者，因為我覺得第三者是你侵犯了另外那個女的。我對女人的同情、同理比對男人還要多，我不會傷害別的女人，去跟人家搶男人，所以不做小三。

套用我們新時代的講法，有一句話滿好的，是：沒有罪，只有業（no sin, only karma.）。宗教都是講罪，不是婚姻的情愛就是罪；業的設定則是前生你設定一個包袱或是償債，而不是罪。**賽斯說，「業」代表發展的機會，它使個人得以由經驗而擴大了解，補足無知的空隙，做應該做的事。**自由意志總是包含在內的。「你愛別人」是你想做的，你自己設定的，你想經歷的事情，不一定是合乎道德的事情，但也不是罪。

還有一句是：沒有罪疚，只有幻夢（no guilt, only maya.）。因為這個世界本來就是一場夢、一場戲劇。後來我也有一些這樣子的遇合，可是還是符合我的原則，沒有做人家的第三者，也沒有破壞人家的婚姻，而且，我是誠心誠意的進入關係當中。

我最近還看了一些書，可能是二〇一二快到了，大家講的東西都很相似，比如說要覺醒、開悟，要大清理。看過後，很多地方都覺得心有戚戚，很有共鳴，因為我真的親身經驗過。例如有一本書《破碎重生》（*Broken open*），還有一本《遇見100%的愛》（*Perfect Love Imperfect Relationship*），那是一位超個人心理學大師約翰・威爾伍德（john well wood）寫的。超個人心理學也是比較新時代的心理學，比以前的心理學都要進步。他任教於加州整合研究學院（California Institute of Integrated Studies），他這本書說，就是藉著你情感上的創傷經驗去治癒自己，脫離那種悲情，治癒任何破洞、受傷的感覺。

前不久看到《靈性覺醒》（*Bezield Leven*），其中有接到約書亞（耶穌之猶太名）及瑪麗亞的訊息。瑪麗亞說：你要坦白的接受自己的身跟心。當你和靈魂連接時，就會將你帶進內我，邀請你將內心深處的你展現給世界，就會把自己一層一層的剝開，看看自己到底在搞什麼，很誠實的表露出來。聆聽靈魂的聲音意味著認真對待你的感受，不再恐懼被拒絕、孤獨，不再恐懼不被你愛或尊敬的人接受。

其實像我這種告解與表白，也冒著很大的險，一來我比較相信大家有那個包容度，二來我還是很擔心會傷害到我前夫。別的人我都沒有欠，只欠我的前夫。我很怕傷害到他，其實我前夫對我非常的了解、寬容。我自己是不太在乎面子，可是男人們在社會上，面子好像比什麼都重要。

學習做自己靈性上的母親

還有《靈性覺醒》中說：「走向內在，放下所有你外在的權威，完全依賴內在的聲音。」瑪麗亞特別鼓勵女性，「不要受迫於各種外在的期望，為自己而活，完全可以根據內心深處的願望做選擇。當你進入靈性充滿的人生時，會渴望與心靈伴侶交流與合作。」

其實我一直渴望與伴侶進入靈性生活。老實說，這一直是潛在的渴望，我才會一再的墜入愛情中，以為碰到可以心心相印的人，彼此真的了解而靈魂交流的人，這是最美的事情。每個女人起碼都會有這樣的渴望與嚮往的夢，男人就不知道了。可是我真的沒想到後來真的遇上了。

書上還說，要做自己靈性意義上的母親。我發現很多人都跟我一樣，沒有得到讓自己非常安心、溫暖的母愛，兒童時若缺乏這份母愛，沒有辦法追回來。所以我以前就有這種醒悟，常常跟人家講，你只好做你自己的母親，用那種溫柔的愛，把自己的心扶持起來，把你內在的小孩慢慢帶大，支持他，讓他有信心，讓他覺得沒有孤單白活一輩子。

瑪麗亞說：做自己靈性上的母親，不是解決所有問題的母親，而是一個看見你、認出你獨特能量，一個不想改變你、尊重真正的你的母親。從稍遠的距離觀看自己，了解到你一生都在走自己的路，一直都試著為自己建立一個滿意的實相，甚至在你犯下錯誤時，都在盡最大的努力創造快樂，或是尋找走出痛苦和絕望的方法！

受了這麼多苦，經過這麼多絕望的事情，會對那書中講的話，深深感同身受。這些話真是溫柔的撫慰，撫慰我們這種像小朋友的心靈。書中說，我們到這兒來，不是為了變得完美，而是為了生活、體驗，為了懷著驚奇的感覺經歷一切，即使是負面事物。這種無條件的母愛，也是每個療癒者必備的溫暖接納。生活的藝術是：在每一件發生在你身上的事情中，找到選擇的空間。

我在修改《喜悅之道》（*Living With Joy*）二十五年增訂版的時候就發現，以前我第一次看的時候很感動，心裡湧起一股熱流，歡喜讚嘆著，怎麼有這麼好的書！這一次看，我沒有那麼大的震撼，可是卻發現，我每一點都做到了。雖然我沒有每天特別去練習，但是書中講的每一點，要自愛、要自重，我發現我無意中都做到了；不在乎別人對我的評價，而是我對我自己的負責，看見、接納、肯定我自己。所以我對這點還滿開心的。

賽斯也講到「快樂原理」，我想看過賽斯的人都會有印象。他強調說，快樂原理最像是對美的欣賞。你是生命意義及目的的一部分，但是那些目的來自於你存在的源頭，太偉大而無法在你個人性結構內表達或描寫。

不知道大家會不會有那種感覺：真善美的感覺會把你整個人都融化、淹沒，讓你臣服於真善美之下，把你一掃而過地淹沒（overwhelm，這個字我覺得好難翻譯），你毫無招架之力。因為太偉大、太美、太神聖，你就融在裡面，可是你無法形容。有時當你在聆聽音樂，或是當你深深被情感擾動，當你不在它與你之間保持一個很大距離時，常常會體驗這種了解。

美造成人生很大的快樂，讓你很振奮，讓你覺得活著還有意思；你在情感、美感的滿足，在快樂、感性的追求上，跟你在務實理性的處理事情中間有一個平衡。不要完全這個或是完全那個，走極端不好。

賽斯說：從你「所在之處」開始（照顧當下），以愛照顧你擁有的生活，將最能讓你領會到對「你自己的意義」的一種感受。照顧你「是的」這種人，並照顧「對你自己獨特性」之懷著愛心的珍惜。

不要對自己太苛，人生已經很多苦；不要怕人家來攻擊你，人家對你的評斷都不重要。當你一個人面對你自己的靈魂時，你有沒有盡量去做一個喜歡自己的人？你要喜歡你自己，才會真的活得快樂，外面的東西都是虛的；如果你不喜歡自己，人家喜歡你，你會覺得不值得、不配。對自己的信任跟愛才是你最大的保障、重心，你才活得像個人。不用畏畏縮縮、遮遮掩掩，你是坦坦蕩蕩的，你喜歡自己，因為你沒有傷害別人。

體會揚升之愛

跟大家講一點點我那個靈魂伴侶。我碰到他，是我完全沒想到的，雖然之前就有預言，但我以前一概否認，心如止水，過了兩年我才願意接受這個可能性。我心裡已經很快樂、滿足，已經準備要走了，所以我說「最後八堂課」，就是想要跟大家告別。在我還沒走前，健健康康、安安靜靜地跟大家分享我的人生歷程，分享我的喜怒哀樂、歡笑淚水，走的時候就沒有遺憾。

一九七六年我跟那個同志情人要分開前，最後一次見面，因為我跟前夫第一次要去歐洲玩三十五天，我就跟他交代，如果這一次旅行發生任何意外，我沒有回來，請你告訴我的兒子，他們的母親是什麼樣的人。我兒子那時候還小，我不認為我們的愛情是一個罪惡，所以讓他們知道他們的母親是有血有淚、很真實的人，不會裝模作樣當聖女！如實的告訴他們我是什麼樣的人就好。

自從碰到我的雙生子以後，我覺得幸福得不得了！合一的喜悅已經給我平安自由的感覺後，又碰到一個我想都沒想到的雙生子。老實說，以前我真的不太相信雙生子這個講法，我覺得那只是一個美化的形容詞，並不會是真的。不過，親身經歷這無條件的愛，我真的是感恩得不得了。當我這麼快樂、喜悅的時候，彷彿變成透明的，變成一團光而已，並沉醉在喜悅當中。

這美就美在彼此沒有要求，而且他對我的傾心是在我最沒有準備、打扮，心裡也沒有預期之時。那時我是已經快要七十歲的人了，準備「棄世」的時候，居然他就出現了。最奇怪的是，他也不合我以前的任何條件，可是我就是喜歡他，就是如此的快樂、喜歡，如此坦然的承認，所以我才說揚升於愛。

不過，並不是就這麼百分之百快樂，很多時候在懸念中。本來可以拍拍屁股走人、跟人家說再見，可是現在覺得，還沒有享受到跟他分享很多美的事情，只分享到一點點。比如說，有時候碰巧聽到一首音樂（他聽過的音樂不會忘記，這點跟我很像），我說：「啊！這首……」他就知道。太特別了！非常老的音樂，他也知道、也會哼唱；對於旋律，他跟我一樣有很強的記憶。好開心喔！

現在很少人用紙筆寫信，他又不會 Email，所以，我們只是寫寫簡訊而已。簡訊又不能寫很長，就很像寫古文，顯示我們對於古典詩詞的同好，滿好的。以前都沒有人可以在多方面跟我這麼合，比如對於音樂、大自然的喜好與愛。對於人間，他比我有更強大的愛、服務的熱忱與熱情；我比較飄在半空中，喜歡空靈的東西。

本來我感覺自己是個怪胎，生在這個千禧年的「關鍵時刻」，受到東方和西方文化裡真善美的衝擊，常常一個人陷入極深的感動和感觸中，卻覺得沒人可以分享和了解。所以當我已花了四十年精力吸收和傳遞愛與光的新時代訊息後，感覺天命已然完成，就想走了。

如今，雙生子的牽引，或許會令我再留連於世間吧？

第七堂

價值完成

熱情的活，平安的走

每一個存在，每一個活著的人，都可以完成他自己的價值，
不用很偉大，只管在內心發現你所愛，把力氣用在你所愛上。
跳脫負面的影響真的是很重要，
並去找到真正鼓舞我們、讓我們非常喜悅的事情。

今天這個題目滿重要的，雖然「價值完成」好像很艱澀！這到底是什麼意思？就是要熱情的活，平安的走。其實我一路講來，重點就是講這個：如何熱情的活。我們的人生都有目的和價值，所以要價值完成以後，我們才會覺得沒有白活，而且可以平安的走。我們怎麼活，就怎麼走。

你不是來贖罪的

人活在世界上，並不是像舊時代的宗教觀念或者宗教人士所主張的，你是有罪的、是一個瑕疵的生物，你在世界上又不斷造作新的罪業。舊時代的想法是：人生就是罪，你要做的就是來贖罪，所以一切的努力、追求、崇拜，都是為了要把你的靈魂從罪惡裡贖回來，有些新時代的思想也會強調這個。

我希望大家運用你們的直覺、用心去感受，不要執著於舊時代的觀念而被束縛，要過一個快樂充實的生活。假如你把人生想作只有罪跟罰，你就會需要依靠外力來救你，於是依附宗教、諮商師、大師以及宗教的體系，來幫你除罪，這樣子你會失去信心。

人生最主要的兩種情緒就是愛跟恐懼，當你心中充滿恐懼的時候，就沒有空間留給愛，會急著想辦法救自己，沒有時間放輕鬆生活。因為你必須要靠外力才能夠解救，就造成你很大的無力感，這樣就沒有辦法翻身。

多少年、多少世代以來，這種不完美、罪惡的想法一直滲透到人的內心，其實也造成宗教性的假謙卑。先承認罪，匍匐於任何的大師、宗教人士、宗教系統前面，認為這個才是謙卑。

你要真的覺悟到，人生本來就是這麼美麗，要相信生命本來就是這麼光彩，相信你來到這世上是要給愛和得到愛的。你得到愛的時候，自然會臣服、喜悅；當你真的感恩的時候，你自然會謙卑。然後發現，原來你是一直被一個那麼大的力量、那麼大的愛、那麼大的神，擁抱著、安慰著、護持著。這個時候，你就會臣服在那個無條件的愛底下，而不用裝出很聖潔、謙卑的樣子，希望因為你的聖潔、你的謙卑，神會救你一下，或者是得到別人的諒解。新時代的訊息就是用各種方式告訴你，你是被愛的，那是愛與光的訊息，所謂愛與光其實就是神，一切都是在神之內發生的。

你能不能在你生命的過程中真的覺悟、體會到這一份愛？有時候不是透過一種功課或知性的追求或虔誠的修行，就能知道；你太努力、太緊張也不行。若是你完全沒有這種渴望，保持信心、希望、愛，有一天就會忽然打開你的心。當你到了那個時候，就可以回想我跟你們說過的，因為我也是這麼多年來，終於有一個很美、可以完全接納自己的時候。

假如你沒有經過那思考、體會的過程，告訴你「結果就是如此」，你沒有辦法直接接受。這個就是真理，**你要經過自己的體會，才會把真理融會到你的細胞裡，融會到你的心裡面，常常會感受到「這是真的」**。

天主教的教義問答簡單的說是指：人的存在就是為了讚美上帝。我那時候是十幾歲的女孩子，怎麼可能接受這個？因為我覺得，創造我們的造物者，祂為什麼要我們整天活著就是為了讚美祂，難道不膩嗎？而且祂太沒有自信了，要我們整天在那裡，讚美祈禱哈利路亞！這太奇怪了，我完全不能理解，怎麼會有這樣一位神，要我們一天到晚拜祂。

可是當我經歷了與神合一以後，發現這不是人家規定的，不是法律、教義、戒律規定，這是你得到那個經驗以後，由衷的臣服、讚美、感恩，那個時候就會想到那些讚美詩、頌歌，真的是講不出來的那種感動。這個不是神的要求，而是我們自己體驗到我們內在的那個完美——不完美的完美——之後，我們自然發出的讚嘆、喜樂，自然讚美這個力量、這個生命力、這個愛。

很久以前，我初學太極拳，也見到一些人在做「自發功」，打「神拳」，便心中暗忖：所有這些「功夫」，該是某祖師爺修持通了，得到的領悟和「禮物」，自發表現出來，後來弟子們才依樣畫葫蘆，以為一板一眼照著比劃就能得道吧？

發現自己的稟賦

去年我花了很多時間一直在修改賽斯資料的每一本書，每一本都給我很大的喜悅。以前看的時候覺得，這是賽斯講的真理、教導和啟發；重編時再重看一遍以後，覺得這麼好的書還是要跟大家分享。

例如《夢、進化與價值完成》，這本書很厚，以前我覺得好像沒有那麼感動，可是現在再重新看的時候，我心裡會一直說：「是的，就是這樣！」一邊看一邊常常感動得快要流淚，是一種很喜悅、很感動的淚，不是那種失落悲傷、不能接受自己的流淚。

賽斯對於真理的講述，雖然不一定是空前絕後，可是實在是我讀了這麼多的書當中，非常精妙、好看的書，我再重讀之後還是覺得這麼好；可是不一定每個人都能接受賽斯，我不強迫大家一定要看，但你們可以為自己看上一看。

賽斯書可以安撫很多人的焦慮。我們活在世界上，常常會覺得有點茫茫然，看到的都是負面的，經歷的都是挫折，我們到底在這邊幹什麼？吃喝等死嗎？雖然我們的理想很高，可是往往做不到；在這個過程中，我們的自信就沒有了，沒有自信的時候，你是不可能自愛的，因為你總覺得自己很差。

我要提醒大家一句話：絕對不要跟人家比較。你比人家糟的時候當然感覺挫折，哪一天才能做到像他一樣偉大、一樣聰明，或開悟、看破？要不然就是跟人家比我很優越，比我不行或者跟我意見不同的，通通輕視人家，認為他根本不懂！在比較之下就永無寧日，不是你比人家好，就是你比人家差，這就不會帶給你內心的平安，因為你一直在外面去找你的模範，或找比你差的人來強化那個很可憐的自尊心。所以我特別把「價值完成」當作講題。

賽斯在《夢、進化與價值完成》這本書裡講了很多，最重要的是「價值完成」這件事情。他說，我們每一個人都會完成自己的價值，而且在完成自己價值的同時，我們必也增進了全人類的福祉；於是既滿足了我們的信心，又滿足我們的生命意義，而且又讓我們發現，我自己的幸福、努力、成就，其實是對所有的人類都有幫助的，這不是更增加了你的幸福感嗎？

一開始的時候我就說，我是一個外星人，要來拯救地球，我也確實有天命的感覺。我也一直在想，活了這麼久，追求這麼久，到底是在幹什麼？我覺得我的口才、悟力、努力都不夠，如何把我得到的一點東西拿出來跟大家分享？

我比較行的是寫作方面，用講的不會那麼完整，拉拉雜雜的，很多感覺跟知識，不是順時間一條一條列下來就可以。數學方程式、科學證明、法律條文可以條列，可是自己內心的感觸是一層環繞一層，很難表達，再加上我本來就不擅於言詞。我在 New Age 方面已經努力很多年，我覺得天命已經完成，希望在跟大家告別時，把我自己能夠跟大家分享的、對大家有幫助的東西都講出來。

所謂的「價值完成」就是：每一個人生下來有不同的稟賦，沒有高低，只是我們要如何發現，去找到自己的稟賦。當然，這主要是順著你的心、興趣發展，看什麼東西讓你活起來、讓你快樂地說「哇！這個我喜歡，我願意花時間、精力去做」的事，這就是你要做的事。你不一定要做老師、偉大的專業人員，賽斯講的最美：**每一個存在，每一個活著的人，都完成他自己的價值，大家不用焦慮，不用很偉大，只管在內心裡發現你所愛，然後把你的力氣用在你所愛上。**

三十年以前我就覺得，一定要把新時代的東西帶給大家，因為我在宗教、哲學、心理學上，一直在涉獵、打滾、思考，去感覺到底什麼才能有益於人類。我好像有一種直覺，看到新時代的東西，就知道這個是真的！講得太透徹了，是真理！

最重要的是認識自己

在《夢、進化與價值完成》這本書裡，賽斯講關於宇宙的開始、一切萬有、人類出現的過程。「在宇宙的開始之前，我們將假設一個全能創造性的源頭存在，我稱這最初的主體性為一切萬有。現在要說的一些觀念幾乎違抗了知性，除非那個知性是徹底為直覺的力量所加強。因此，讀此書時，將需要用你的心智和直覺。」我們的理智跟心都要用到，才會了解賽斯所說的。

賽斯書很多地方都是挑戰我們的智力、理智、理解力，而且講得很科學，深度很夠，包含各種學問，比較理性的人都會非常喜歡賽斯書，很多男性朋友也很喜歡，因為是很科學的。但假如你只用腦子、心智的話，不太可能完全呼應到賽斯書整體的美。賽斯的東西也很詩意，詩意性的美感不是用科學分析能理解的。好比下面的文詞和意境，豈不是詩嗎？

「一切萬有擁有如此宏偉的創造力，以致其最微渺的想像、夢、思想、感覺或情緒，也獲得了一種實相、生機、強度。」

我們人是祂的一部分，祂把祂自己一部分的能量爆發出來，創造了所有的靈魂，所以我們都跟祂是同一個本質。這就完全超越宗教所說的，神是永遠受到我們人類的祈求和崇拜的高超存在，我們永遠不可能跟祂有任何的連結，只是求祂賜給我們一點什麼。新時代說，我們是祂的一小部分，而且我們也承繼了祂的創造力、想像力，也許比例上是非常小，可是本質上是一樣，所以我們不要妄自菲薄。

他說：「那經驗、那主體的宇宙、那一切萬有的心，是如此燦爛，如此分明，以致一切萬有幾乎迷失了，神遊於這不斷繁生、不斷成長的內在風景之內。每個心念、感覺、夢想或情緒本身，都蓋上了這個無限主體性所有屬性的不可磨滅印記，每個都因其創造力而發光顫抖。在開始之前，有個無始亦無終的內在宇宙存在著。」

我覺得，那麼偉大、燦爛、無限的東西，你根本無法形容，可是他盡量用這種詩意的言詞來表現，這個詩意讓我非常感動，我每次都覺得，哇！這麼美！這麼好！

他說：「然而一切萬有並沒有將他自己與那些世界分開。因為那些世界是從一切萬有的心念裡創造出來的，每一個皆有神聖的內涵。這個世界本來只有『一切萬有』，那是一個無形、無圖像、無窮無盡的意識。在一開始，意識單位（unite of consciousness）存在於一個神聖的心理完形內，被賦予那超越的本體之不可想像的創造力。」

意識單位就是物質的建材。還沒有形成任何有形物質之前，它們是最先的存有（entities），這種單位同時以「波」與「粒子」的方式運作。「一部分為它們自己的創造性騷動和指揮，一部分被『一切萬有』不可滿足的創造力所指揮，而開始了將時間、空間和你們整個宇宙帶入存在的工作。」然後這些意識單位，因為相互的吸力，就越聚越多，直到從無形界冒出來，變成物質性的東西。一開始是電磁單位，就是物質的開始。

這些意識單位自己開始創造、探索，並完成那些使他們獨具特性的天生價值。從一開始，還沒有我們人以前，就完成他們自己的獨特性。人是比較後來的產品，因此我們有更多自己的獨特性需要自己去完成。

其實尼爾的書也講到，每一種生命形式，都是神的一個展現。我們也是一種生命形式，從尋求感受，到在其生活架構內所有能力之完成及綻放，這就是價值完成；而且我們知道在個別的存在裡，生命的其他族類也會因而受益，這就是我剛才講的，每一個人不管他的天賦如何，都各自扮演角色，展現神的小小不可或缺的面向。

「認識自己」很重要，要認識真正的自己，不是你所扮演的身分。我們每一生都扮演了一些身分，在不同的關係、工作裡也有不同的身分，可是那是一個狹隘的東西，並不能夠代表我們本身那個真正的自己。

賽斯講，不論何時，當人相信「生命是無意義的」，當他感覺「價值完成是不可能的或不存在的」，那麼，他就顛覆了他自己的基因傳承，將自己與生命的意義分開了。賽斯說：「任何倡導生命是無意義的哲學，都具有生物上的危險性，提倡了直接阻礙基因活動的絕望感。這種哲學在創造上是極端不利的，因為，它們挫折了創造力本身由其中源出的快活心情、精神活力及遊戲感。如果生命沒有意義，那麼所有其他的事都不會造成任何差異了。」

直覺與理智之間的平衡

我覺得我這個人有點倒著活。以前很小的時候，就把自己壓到一個「生命無意義」的狀態，所以我才一直掙扎，要怎麼樣活下去？假如一點都沒有快樂、希望，你怎麼活？當時滿著迷於這種東西。我在中學的時候很認同虛無主義，覺得一切都很虛無。其實這樣也是一種虛榮，因為覺得自己好像很成熟，憤世嫉俗，覺得這個世間算什麼，一切都是虛無，人們在那邊忙來忙去又怎麼樣，終究是一場空！這也是一種驕傲自大，不附和任何一種講法，好像你就高人一等了。

後來，高中時，存在主義很盛行，我隨著潮流，也會去看存在主義的書。當你年輕時喜歡一種哲學，常常會影響你一輩子。可是有的人就會一直改變，像我就會一直改變；如果一直不改變（像我有時碰到同年齡或比我小一點的人，在他們最成熟的時候若碰到存在主義，他們現在開口閉口還是存在主義），就無法從那個影響中跳開。能夠跳脫這種負面的影響真的是很重要，**我們一直要去找，找到真正鼓舞我們、讓我們非常喜悅的事情**。

賽斯提到一段跟我們有密切關係的話。他說，有些人活過信仰一種宗教的人生，全然的沉浸在其中之後，隨之像是給自己電擊治療似的，下一世選擇活在不相信任何東西，或至少擺脫任何信仰的人生裡。但他們只會發現，**「什麼都不信」是最局限性的信念**。

我們往往也經過那樣的一段日子，幸虧那段日子不長。當然，承受不了心裡面的痛苦的時候，你會去找答案、找出路，所以這也是轉念的功能。不要屈服於任何痛苦的打擊，不要被打趴了，而是要起來擦乾眼淚再去找，再去給你自己的人生找更好的出路，所以我們感激一切的挫折，因為沒有那些，就沒有今天的我們。他說，那個了悟就是當頭棒喝。以「認為生命無意義」的方式過活的人，他們在死後會了悟到，存在充滿價值，其實並不依賴任何宗教體系，一直在那兒。

沒有任何人能包辦真理，你自己會發現自己的真理。人需要感受到自己是在進步，而科技的進步相形之下只代表了一個粗淺的層面，除非科技也可以受到情感性了解的成長所支持。在這樣的進步之中，不但感受到與自己合一，也與世界合一。

他說，有些人很聰明，像前衛的科學家、哲學家，在理智上極為熟練，推理能力無庸置疑，然而你卻看見他們缺乏情感或靈性的表現，在**直覺與推理能力**之間少了平衡。我希望引領你們朝向那些能力**的結合**，因為兩者**能攜手為你們的世界帶來一種全新的能力**，結合了兩者的最佳因子，會使得兩者都被不可計量的加強。不過，我並不是提倡「依靠情感」高於「依靠理智」，這兩個是並行不悖、互相加強而不是互相反對的。

找到心裡的「知曉者」

賽斯說，「一切萬有」是所有實相及經驗的源頭，在心理層面是很複雜的，具有多次元的創造性，它就是暗含（意思是「隱藏在底下」）在你們世界的每一處裡的隱形宇宙。我們現在也知道，其實很多東西是看不見的，或者是還沒有成形。

在物質後面的東西，這個暗含的隱形宇宙，只透過歷史性的時間，在你們的知覺中變成具體，也就是在不同的時間裡慢慢冒出來變成具體的東西。其實它是源自於無形的宇宙，有形的東西都是源自於無形的東西。所以，每個意識單位在其內含藏神聖的屬性。一切萬有並沒有形象，卻在所有的形象之內，不論那些形象是否展現。

舉例來說，人的思維是人用字遣詞的隱形夥伴，也就是我們先有思維，思維是隱形的，然後再把它講出來變成字句。而一切萬有未言明的主觀性（就是還沒有顯現的主觀性），以同樣的方式隱藏在所有言明的或顯現的現象背後，有生於無、外形於內。

尼爾講宇宙模型時，他說沒有辦法用語言來解釋，就用畫面來解釋。他用一個「蘋果橘」（Apple-orange，尼爾創立的新名詞，一半物質世界，一半無形世界）的比喻，從這邊到那邊，一邊是顯現出來的物質界，一邊是無形的精神界。其實這相當於賽斯的架構二（無形界）和架構一（有形界）。其實，無形是這麼大，有形東西是從無形時時冒出來的，而不是分成這邊、那邊。當然，尼爾說的只是一個比較容易理解的畫面，並不真的是蘋果橘，只要能夠幫助大家想像跟理解就好了。

賽斯用一個說法就是「廣闊的理智」，就是知曉者（knower），知道一切的這個存在。他說，知曉者是一個存有，當我們在理解一個東西的時候，我們就是在跟知曉者打交道。

「知曉者」就是你的存有，你是你的存有的一部分，而所有的存有都是神的一部分。存有是一群靈魂，他們有一種共同的興趣、目的、特性，想要達成共同的目標，而這群靈魂到世界來，便是「對等人物」。這個存有就是你個人的神，祂會傾向你、護持你，你的喜怒哀樂、你的一切祂都知道，祂永遠在保護你，這叫做恩寵的狀態，我們自己不知道。可是，不是知道了才叫做恩寵狀態。如果有一天你感覺到恩寵狀態，你會很開心，因為那非常美，覺得一切都沒問題。還不止這樣子，就像《聖經》有一首聖詩很有名：「上主是我的牧者，我必不致缺乏。祂使我的靈魂甦醒……」就是那種安然恬適。

賽斯說，我們每一個人，到某個程度都「曾經」或者「將會」彼此相關，這種說法，使所有時間裡的事件都會彼此相關。在你生命的每一刻，你都與一個未來或過去的事件擦肩而過，這就是「同時性」事件，另外還有「可能性」事件。這是很難懂的概念，尼爾也講到這個「同時性」。

我們每一個人都跟別人相關，還有跟在其他時間、地點、次元的你，也是息息相關的，只是可能關係深淺不同。為什麼要強調這一點？我們為什麼怕死？不但怕死而且怕活？因為我們常常會覺得孤單無助。

賽斯說，「你們主要的信念系統導致你們覺得，你們現在的人生是單一的，只有這一次。既不被任何存在的先前經驗所支持，也注定毫無未來的被切斷或死去，就前不著村後不著店的，孤孤單單的承受一切的風雨打擊。反之，你們永遠攜帶著無數可得的未來內在知識，你的情感生活在某些層面，被那些無意識的覺知豐富了，那些過去或未來愛你的人，透過特別的聯繫與你相連，增加了你的情感傳承與支持。」

如許多人曾假設的（尤其在小說裡），「愛的關係的確是超越生死，並且把你們放在一個特殊的交流裡。生存意義是在其存在裡，生命單純的藉由存在就一定會完成目的。」那就給我們這些喜歡一直追求結果、一直覺得需要達到某種成就，才算是活得有價值的人最大的釋然！**照你們的心去快樂的活著，根本不用去煩惱你到底是不是有價值，你就是有價值；你不可能沒有價值，因為你的存在本身就是價值。**

「價值完成意味著：每個人、每個存有不論其性質如何，都自動自發的尋求他自己的完成，及別人的完成。以基本的說法，沒有一個人的完成能犧牲別人的完成而達到。」當你了解這個，就能以一種安詳的超然態度接受挫敗或矛盾，並體認到，在你所謂其他層面的較大畫面，這些彷彿的矛盾、不幸，會被看成是對你有利的。尼爾講的比較簡單：我們的意識有超意識（superconsciousness）、平常的意識，還有潛意識，當你死後或者開悟，這三個都合在一起，這三個在一起的時候叫做超絕意識（supra consciousness）。

「生命雲」包含創造之源

賽斯常常講，生命其實是一個遊戲，有時候我們太認真了，一直把自己陷在某一種壓力底下，一定要怎麼樣！那都是社會給我們的想法，其實是不需要的。真正開悟的人不是一天到晚扳著臉說：我已經達到那個境界、我已經空了、我已經怎麼樣了……然後就來「渺」你，意思是跟你示威、把你比下去、看不起你。

你們真的要肯定自己、愛自己，即使是動物也不只是倖存而已。尤其是我們中華民族是最會求生存的民族，所有古老文明的人差不多都滅亡了，就是中華民族還倖存，因為我們說「好死不如賴活」，所以要一直活著（這也是一種信念）。他說，即使是動物也不只是倖存就好了，植物亦然，植物也要活得快樂，連動物、植物都需要所謂情感品質的東西。

除了活著，你還要心情愉悅。所以，賽斯談到快樂原理，也許可以比喻為「對美的潛在欣賞」，那個美是明顯的無處不在，是每個生命形態為自己存在的神奇而狂喜；其中愛的價值超過了自身，而且在其中的每個族類或生命型態，又領悟到自己的成就無限地增益所有其他型態的存在。這是我們一再講的，你自己能自在、喜悅、快樂，也會增進別人的快樂。

因為傳賽斯訊息的珍·羅勃茲有一些身體上、情感上的問題，不管賽斯怎樣幫她，都很難完全釋放。所以賽斯就跟她講：照顧當下的事，因為在那兒發生是有理由的。在每個人的生命裡，在你存在的每一點，問題的解答永遠如任何既定問題一樣的明顯。或可說，那些答案一樣都在場，已經存在你的生活裡，只是你還沒有整理好，以必要的方式組織。

每一個事情、問題、挑戰，都有其發生的意義，有時候我們一直只看著對我們負面的影響，而忘了說：一定還有別的意義，沒有去想、去轉念。尼爾、賽斯都說轉念：你不要固著在很偏執的看法裡，換個角度看，會看到你以前沒有發現的那些東西。而且信念也很重要，賽斯說，「相信一個供應你的神，不論他的名字為何，的確是身心健康的一個必要條件。」

他最後講到生命雲，這個東西相當難懂，是說：生命就好像一大團雲朵，所有事件的種子都在雲朵裡面，在雲裡面時，你沒有看見它，當它下來變成一個事件的時候，你才看到那個「可能性」。你自己的整個生命結構是活生生的生命雲，在其他實相裡可能被感知，也可能不被感知。那個雲在其內包含了永遠在更新的創造之源！

對於可能性和平行宇宙等議題，我們平常不太會去想，也不太懂。賽斯有兩本書都在講「可能性」。有一段不禁令我聯想到二〇一二可能會發生什麼……他說：「『可能性』也許在處處打轉，然而，在這突兀而奇怪的比喻裡，你也許會聽到一個微弱且短暫的呼呼聲，如同打轉的聲音，你認為它不重要——然而，你聽到的卻是一整個世界的可能性飛馳過你站立的地方。」很難理解吧？可又「似曾相識」？

賽斯說，「當你做夢、睡眠或思想，你自動的增益一個生命雲或者叫做夢雲的其他次元，那是你自己的主觀動作本身所造成的。甚至你在每一刻、每一處都表達出它的『無限』，因為無限本身並不是一種與『宇宙的本然』分離的東西，宇宙是無限創造性的一部分，它根本就是無限。

「所有這種生命雲的每個部分，都在追求價值完成，但是可嘆的是，那名詞本身並不足以表達生命之多變、目的或意義的本質。可是這些目的與意義並不與你的存在分開，你是生命之意義及目的的一部分。但是那些目的來自你自己存在的源頭，因為太偉大了，而無法在你個人性的結構裡表達或者描寫。」

「不過，有時候當你在聆聽音樂，或當你深深的被情感擾動，並且當你不在你與它之間保持很大的距離時，常常會體驗或感受到這種『了解』。從你所在之處開始，以愛照顧你擁有的生活，最能讓你領會到『對你自身的意義』的一種感受。」

站在所有實相的中心

最後賽斯說，「我也不要你們以為，你們問題的答案是在夢境裡預先包裝好的，除了那些擁有獨特才能或擁有玄祕世界某些神祕知識的人，一般人幾乎無法搆到。這個就有點像所謂通靈的人、大師、算命的人才可以知道。問題的答案並不是你不知道的，只是你以為你不知道。很多人遠在印刷術開始之前，就學會相當熟練的去閱讀自然，去觀察季節，去探明靈魂的季節。所以，那些答案就與你們後門的台階一樣近，因為在你們存在的門檻上，你們自動的站在知識的中心，你們從未在事件的外緣。」

他說，「你們是站在所有實相的中心，因為在你們的中心，所有的存在會交會！對每一個人來講都是此時此地，只有此時此地。在每一處，你們是所有『存在』的一部分，而『存在』是你們的一部分。宇宙的每個部分攜帶著所有其他部分的知識，而一個實相的每一點都是那個實相的中心，那麼，你在宇宙裡自成中心。

「當這些想法自然地在你們內在激發出更多的深入洞見，你們每個人內在的『說法者』，就能浮到日常意識的表面。說法者是最先教你們具體語言的那些內在聲音，你們要稱之為電子的聲音或者神明的聲音，都同樣的正確，因為每個都是一切萬有的一個代表，如同泉源一般溢流出知識與愛。」他說，「所以我並不要你們集中努力，去記住感知其他實相的方法，卻是去了解這種洞見是唾手可得的。所以**你們要開始去讀你們自己的思緒，遠比學著去讀別人的思緒重要，因為當你自己的感受為你所知時，你會輕易的看到，所有其他感受也都反映在你自己裡面。」**他說，「當你在讀如同上面那樣的句子時，你多少釋放了你的心智，打開了更大的組織。你們的人生是你們正在憶起的一個夢！」

賽斯書不是你一口氣就能讀完的東西，你會像啃一個大餅，一下子啃不下來時，慢慢的進去嚐一嚐，當你有感動時，你就會覺得值得，會覺得：喔！原來如此，沒有那麼難。然後你們再繼續看，就會有收穫；如果真的沒感動，那看別的也可以，看「與神對話」系列也可以。

生從何來？死將何去？

熱情的活是價值完成，那平安的走呢？《與神對話》的作者尼爾有一本書《*Home with God*》，我看了好快樂！怎麼有這麼巧的事情。我已經跟大家分享很多關於死亡、關於書，可是這本講的真的很美、又很清楚，是容易讓大家理解的書。看了此書我就一直哭，真是太快樂、太美了！這一切安排是這麼的完美，跟大家分享，更增添這個題目的完美結局。

尼爾所講的價值完成，我挑出最讓我心動喜悅的部分，跟大家分享。有共鳴的話，可以去看本文。要是不懂沒關係，不要氣餒，那麼多發亮的珠寶在那裡，看到其中幾個就很快樂了。

原著是二〇〇五年就出版了，可是我們都不知道，然後有個朋友先看了簡體版，他是一個「與神對話」系列的書迷，也是我的讀者，他非常喜歡這系列的書。他看了之後覺得不對勁，簡體的翻譯跟我們繁體版不太一樣，他就把「與神對話」系列書又翻出來看，再一邊參考以前的那幾本一邊改。他想先譯出來跟大家分享，因為真的很美！

所有的哲學、宗教，其實大半都是出於人生的大問：「我為什麼來？」「我死了到哪裡去？」而其答案，隨著時間、情況有所不同。浸淫在新時代思潮裡將近四十年，我個人的結論是：人生就是要熱情的活，然後平安的走，沒有恐懼沒有遺憾，覺得安然自在、自由自在。

尼爾這本《*Home with God*》真的很棒，你們一定會讀得很開心，不會像賽斯那麼艱難。這本書大陸原本翻譯成《回歸神》（書正式出版時變成《與神回家》），問題在這個 home，意思並不是說你回歸天鄉，一般宗教人會這麼講，回到神的家或者是天堂。可是在這本書裡，意思是：你跟神一起在你的家裡，神就是你的家，你也是你的家，所以有一個很巧妙的東西在裡面，很難以一句話就解釋得非常好。還有一點，這本書講說，事實上在你一生中，雖然不覺知、不知道，但神一直在你的生活裡、生命裡。神就是無所不在，你不可能不跟祂在一起，只是你不知道而已。

還有我記得《與神對話》裡有一段講得很好，他說，神是如此大的一個靶子，一個目標，祂如此大，你不可能打不中，祂就在那裡，你怎麼樣也逃不過祂。尼爾很有口才與機智，很風趣、很會玩文字遊戲，看了就會覺得很好玩、很開心、很有趣。他說，不管是生前死後，你都沒有辦法離開神，因為祂無所不在，在你的細胞裡，通通都在。就像我講過，我體會到「除了神沒有別人，除了愛沒有別的」。

講到死亡的過程，他在《*Home with God*》裡說：死了以後，在第一個階段是沒有身體的，你的靈魂已經離開身體，所以無論如何你都不會痛了。第二個階段是沒有心智的，你不會再去判斷自己、罵自己。在你回憶你這一生的時候，你會看到所有的事情，而且有時候甚至會看到你的前世，因為那時候已經沒有時間存在。可是，你不會受苦，你會像看圖畫一樣看到你的故事，可能看到你打人或挨打，你那時候已經沒有肉體也沒有心智，所以只會看到畫面但沒有痛苦。第三階段就是到了核心，像一個蘋果橘，到了核心的地方，就是你和神融合了。之前我們生命中的神是無所不在，但那個時候你跟神還沒有完全合一、融合，到第三階段進入核心時，你就跟神融合了。

以上我只是很簡要的講一下。中間有一段，神跟他講，所謂的神就是一個單一體（singularity），我們是祂單一體的個別化，也是祂的分靈、分身。可是當你回到那個中心的核心部分，與神融合的時候，你感受到你就是祂，你會忘記你的個別性，因為你已經完全跟祂合一。

如果你與神融合而失去了個別性的話，是什麼讓你再跑出來？我在想：這到底是什麼狀況？我忽然靈光乍現：合為一體，沒有個別性，不就是所謂的涅槃？佛教說到涅槃的時候，你的業都清了，涅槃就是你已經終止輪迴，回到涅槃狀態，進入空性，如如不動了！

他說在核心與神合一後，還是會有一個力量、能量，把你沖出來，讓你又是個體化的你。這個能量就是神的本質，祂有不斷向外創造、向外展現的本質。

還有更多次元，或更高層次的東西，你可以去體驗、去做，這就等於演化。我們現在只不過是三次元而已，那進化到四次元會怎麼樣？不知道。他說去了解量子力學就知道還有很多次元。

靈魂沐浴在本源發出的光裡

還有一個很重要又很好玩的觀念。他說，並不必然是死後才能有那種融合跟狂喜。人生中的種種，往往令你無意間嘗到了神，嘗到那個滋味，嘗到融合的喜悅。有時候你會忘了，可是你可以再想起那種喜悅。而且在人生中可能慢慢的累積越來越多這種經驗，最後可能一躍就超過了。他這種講法很像所謂的「漸修」、「頓悟」，累積到足夠的時候，你的意識狀態已經超過平常我們在人間的意識狀態，能一直長時間留在那種體會中。

他說，要怎麼樣才能夠增加我們對神的體會？像看這些講真理的書，還有欣賞或者浸淫在美的事物跟心情時，心情也是美的。所以我跟大家分享的對真善美的追求，就是讓你達到越來越喜悅的狀態。

他說，「這個時刻即將到來，這一刻的神奇美妙是無法描述的，所帶來的資訊和知曉，在意識層次上無法掌握，只有在超意識的層次上能夠想像。在融合之前，靈魂留駐在光的前面；融合的時候，沐浴著本源發出的光，任何恐懼、不安、憂慮都在穿過通道的過程中消失了。本源輻射著純淨的愛，靈魂在它面前體驗到一種只能稱之為被覆蓋的感覺。想像一塊被溫暖糖漿覆蓋的薄餅，或被熱巧克力覆蓋的冰淇淋，就像那種感覺。一股甜蜜的熱流迎接這個剛來的靈魂，是一種輕柔的溫暖，將靈魂全部覆蓋！伴隨著這股熱流的，是一種完全徹底的被看見，沒有任何隱藏！」

他說，「靈魂認為自己曾經有的好跟壞的東西，在這個過程中被光吸收掉了，所以沒有任何的判斷、好壞。哪怕最輕微的羞愧或驕傲，也都消融了，靈魂只剩下一種美妙的空。不再執著於任何東西、任何體驗，只是敞開。這是一種溫暖的擁抱、深切的安慰、深深的真愛、衷心的欣賞、真誠的珍視、溫柔的滋養、深刻的理解、完全的寬恕、全然的赦免、無條件的愛，這個靈魂到時候不再擁有任何對於他物的欲望，而融入這無與倫比的榮耀、永無止境的輝煌、無與倫比的美、無與倫比的圓滿與讚嘆！」

我看到這邊，就一直淚流不止，因為真的是曾經體會過那種美！跟大家分享過，我在美國的時候，第一次看見「光」，就是那種感覺。

後來在印度體驗「合一」那一次，如第三堂課裡講過的，我完全覺得自己一無所有，完全歸零了。那時候那種不可思議的感覺又來了。尼爾後來有一段也講，在與神融合時，不只是靈魂外在好像整個被愛包住、抱住，靈魂的裡面也充滿了愛！我本來心是空空的，後來就整個滿了，滿了以後，那個喜悅就這麼溢出來。所以這種體驗已經兩次了。

尼爾講的被了解、被看見、被接受的那種幸福，我碰見我的雙生子的時候，也再度體會！為什麼那麼快樂？就是因為我沒有任何的期待，沒有修飾自己或者要討好誰，就是被他看見了。他不只看見了我的外在，還看見了我的內在，而且，能夠呼應、接納、喜歡、欣賞。所以，我覺得真的是太喜悅、太感恩、太開心了。

尼爾還講，還有什麼方法可以達到真善美？比如像冥想、很深的祈禱，不是普通的唸經，有口無心那當然不算；比如像身體的練習，瑜伽、太極拳、舞蹈；還有讓自己處在「驚奇並且敬畏生命的一切」的狀態。想要擁有這種體驗的單純意願、純潔真誠的願望，就是通往如此超然時刻之鑰。雖然這是可遇而不可求的，大家也不用擔心。我一直說，成佛是不可避免的，你若已經完全超越了任何的苦惱、不了解、恐懼，這就是我所謂的成佛。

人生中的邂逅，都是最美的恩賜

尼爾的書中還講，所有出現在你世界裡的人，都有一個神聖的原因，以便你能知曉、選擇、表達、體驗、實現你真正是誰。看到這裡，我也要感謝出現在我生命中的每一個人。人生中不管你邂逅了誰，不管是短暫或長久的關係交流，都是一個最美的恩賜，彼此互相的邂逅、感動、喜悅、欣賞。就像我莫名其妙的開了這八堂課，大家也不認識我，就莫名其妙的來，然後還能忍受我這種靈魂脫衣舞，跳得不怎麼好，不過脫得很光就是了。

我從來不認為自己完美，有時候又很苛求完美，所以造成很多的問題。尼爾也不完美，他做了很多壞事，很怕下地獄，他說要被審判怎麼辦？他說他實在對不起很多人。後來神就跟他說，你是不完美的，可是這個不完美的人傳達最完美的訊息。也就是說，假如你本身就很完美，是個聖人，講出來的話都很完美，一點瑕疵都沒有，而神講的話也應該這麼完美，那人家就分不清，你是自己假造說在替神傳話，還是真的是做神的管道而已。而如果你不完美，人家一看就知道這是神講的話還是你講的話，因為你講的話一定是亂七八糟的，可是神講的話就是那麼完美。所以他說，不完美的人也可以做最完美的管道，因此我希望把很完美的訊息傳給你們。

他書裡還提到，神說，如果你們已經實踐了我告訴你們的一切，會怎麼樣？

第一，你的腦裡再也不會懷有負面的思維。

第二，如果一個負面思維溜了進來，你會立刻把它從你的頭腦中驅逐，你會故意去想別的事，你會輕易轉念、改變心意。

第三，你會開始不僅知道你真正是誰，還會榮耀並且證明這一點，那是指你會去體驗你的所知，以此作為你演化的行動考量，知道你的心、體驗你的心，然後你會行動。

第四，你會全然的愛你自己，正如你本然的樣子。

第五，你會全然的愛每一個人，正如他們本然的樣子。

第六，你會全然的愛生命，正如它本然的樣子。

第七，你會寬恕任何人、任何事。

第八，你永遠不會去故意傷害任何人，無論是身體上還是情感上，更不用說以神的名義這樣做了。

第九，你不會再為任何人的死亡哀傷，一秒鐘也不會；你也許會因為失去親人而難過，但是，不是哀傷他們的死亡。

第十，你不會再恐懼或哀傷你自己的死亡，一秒鐘也不會。

第十一，你會知道一切萬有都是一種振動，於是你會更加注意你吃的、穿的、看的、讀的、聽的東西的振動，而最重要是你的思、言、行的振動。

第十二，你會盡一切可能去調整自己的能量，以及你所創造的身邊能量的振動；如果發現不符合你對「你是誰」的最高想法，以及你所能想像的最輝煌經驗，或假如你發現這些你發出或你體會的振動，不符合你對你自己的最高想法，你就會去調整自己的能量振動。

我很感恩，尼爾這本書恰好在講第七堂課前來臨，印證了我的歷程，更豐富了「平安的走」這個部分。相信大家也將受益，並獲得平安幸福，無論是生前或死後！

看尼爾這本書稿，第一天我看了還沒全看完，就感動、喜悅得不得了，然後我就決定，我不再棄世，拋棄這個世間。其實我是很怕活的，活著太麻煩，吃喝拉撒睡，還要做很多的事情。然後，我一個人孤孤單單的要處理生活的事情很麻煩，又很緊張、焦慮，身體假如有不適就更焦慮。焦慮跟身體不適剛好是循環，你越焦慮就身體越不好，身體不好就越焦慮，覺得無助。

那個時候我並沒有身體不好，只是，我要做的都做了，自我價值也完成了，沒有什麼好再貢獻，我就這麼走最好。可是碰到雙生子以後，就被他留下來，因為有情感的牽絆，捨不得走了。

現在他也還沒有機會真的能夠陪著我，可是我看了尼爾這本書以後，又覺得，其實我還是可以有所貢獻的。我希望以另外一種方式，把我感受到的喜悅、去除死亡的恐懼等訊息帶給需要的人。

對死亡的恐懼是每個人生命中最大的重擔，如果我能去掉這個，就可以盡情快樂的去做自己，這才好。所以我放棄了棄世。當我把這些都做完以後，再想別的方式，看能夠用什麼交流的方式幫助更多的人。

第八堂

二〇一二

思天地之悠悠

我們需要一套新的心靈藍圖，進一步伸展到未來裡。
回到你心裡，你的「內在聖所」裡，
知道你是受祝福的，你是被愛、安全的。
如果你心情保持這樣，你就會持續的健康。

有關二〇一二的議題，我本來是有接觸，最近又越來越多相關訊息，有的講得太廣、太遠、太理性，完全是講物質世界形成的整個歷史。我們現在知道的是有紀錄的歷史，可是有些資料講的是從宇宙到現在所有的物質界、外星人怎麼樣來地球殖民等等，當作科幻片看也滿好的，可是看完了以後總覺得缺了什麼……缺的就是心靈方面。純物質世界的演化，不會感動我，我還是以賽斯的說法為根柢，再兼論別的幾位大師對二〇一二或者未來的說法。

宇宙包含了無數的層面

其實像賽斯跟一些大師，他們並沒有強調二〇一二會怎麼樣，也不認為末日會來，只說到未來是更美好、更不同，我們的意識、感官也不同；也就是說，這是一個美麗新世界，我們回歸到跟神的連結，沒有恐怖沒有恐懼。

這個「安全的感覺」很重要。從一個「很恐懼的」或「物質層面的」視角去看所有的事情並不妥，因此我變得比較能夠從更高的層面、更大的眼界或不同的視角去看這個世界。否則若陷入一種恐懼中，自己跟自己過不去，就會把自己所有的天賦都禁錮起來，不承認、不信任自己的衝動，也不信任自己的天賦，以為自己只是在三度空間行走的一個人，不知道自己其實是神的一部分。因為我們每天所接觸的有限，我們的眼界就這麼高，只有看到的才覺得很真實。其實所有的大師包括賽斯都說：一切東西都是從源頭出來，從無形變成有形的。這點非常重要，是大家不能忘記的。

賽斯從早期課第十二節就已經講得非常精采，到第四十二節又講到宇宙的浩翰、流動與主動。他說，如你們所想的宇宙，包含了無可數計的層面，全部都占據同樣的空間。他說「全部都占據同樣的空間」這點最難懂，其他大師都這樣講，連量子力學的大師也這樣講。同樣的空間同時發生，還有平行宇宙，這都不是像我們眼界這麼小的人所知道的。在這些層面裡的形式是不斷在變動的，沒有東西是不動的，就如那些層面本身也一樣。

換言之，在一個層面和另一個層面之間，有一個持續的能量和活力的交換，以及實際的原子與分子的交換；甚至一個層面穿透另一個層面的互動，也造成了可以以不同方式感知的效應。這是在早期課裡面講過的。所謂的「透明」，不是我們看見東西的透明，而是說，一個世界跟另外一個世界是彼此可以互相穿透，這個才叫做透明。很有意思，這是我們平常大概想都不會想到的事情。

新時代已經不需要宗教

我並不是否定宗教的內容，而是否定宗教的組織與權威性。

二〇一二這個課題，我們平常以物質性的人、世界、科學等角度來看，就會猜想：會發生什麼事？人會死多少？如果通通都發生了，其實也沒關係，因為我們的靈魂不滅，甚至若進入到涅槃的空性，完美的融合，還是會被神的創造力推了出來，繼續在多重次元間活動和創造！

人是永生不死的，但是人們已忘了這一點，就只記得把這個特性賦予神明，把這些我們以為不可能做到的通通送給神。實際上我們就是跟祂一樣，只有內我（潛意識）在休息時、冥想時，可以偶爾略見一瞥這些無法具體表達的一部分內在實相。因為那些心靈的東西無法用語言來表達，圖畫也只是讓你想像一下，根本沒有形象、沒有組織、沒有架構，你怎麼完全的理解？

賽斯說，這些沒有辦法具體表達的內在實相，是按照每個人的了解程度而產生一些洞見。古代那些創教的教主們，有他不同理解程度與體會。但真理就只有一個，按照每個人的稟賦不同，而獲得了某方面的智慧。只了解了部分，因此個人觀點與衍生的故事常常是不一樣的。

基督意識與彌勒

我要提一個很有趣的東西，就是賽斯的預言。他說：二〇七五年以前，我們的世界會有非常大的變化，基督還會再臨，而且到時候已經達到和平、合一的世界，這是對我們的一個保證。很有趣的是，這跟基督教的信仰與信條有很大的不同，所以要跟大家澄清一下，大概除了賽斯以外，沒有別的任何一位通靈者或者是大師講過這個。

他說，其實我們歷史上的基督已經是第二次再來。基督只是基督意識（Christ Consciousness），祂是一大團很偉大的、非常了不起的意識；祂並不是一個人而已，祂是一個存有，以前說過「存有」是很大的一靈團，很多的靈在裡面。他說，基督意識早已經在宇宙各界出現，可是祂到我們物質世界已經來過兩次，第一次是在亞特蘭提斯，然後在紀元前那個時候是第二次來臨。

他說，基督意識是如此偉大，祂的智慧與能量都太大了，一個人根本沒辦法包含祂，所以就分成三個人格，一個是施洗約翰，一個是耶穌自己，一個是保羅（保羅本來反對他，後來因為一些神蹟而信他）。雖然耶穌在彼得．西滿（Peter Simon）身上建立了教會，但是由保羅組織了教會，因為他認為組織起來才能傳播教義。保羅是受過高等教育的人，會希臘文，也會寫很多詩句；他還是很好的牧羊人，踏實地照顧他的羊群。

為什麼要講這個？因為賽斯講過，二十一世紀要來的那一位基督，是第三人格，那時候珍也搞糊塗了，不知什麼是第三人格，明明講是第二次降臨（second coming），怎麼會是第三人格？賽斯全都講清楚了：保羅會再來。以前為了要傳教義而建立教會，但很多東西都失真了。他再來就是要把教會打散掉，所以他的來臨不是讓教會更鞏固，而是顛覆教會的組織。他將清楚地說出一些方法，使得每個人與他自己的「存有」能達到一個親密的接觸狀態，即與神連結。

到了二〇七五年，所有這些都已完成。基督人格會以一位偉大通靈者著稱。當祂出現時，你們所知的人性裡的那種好戰天性將全然改變，並被揚棄！

他也說到，二十一世紀的時候，這些宗教會慢慢式微。有組織的宗教只是畫一個框框，把他信的東西框起來而已，並沒能包含全部。我們人心裡面就可以直接通到全部，根本不需要藉由結構性的教會組織去包好，再給我們。也就是說，人不必再透過教會的中介，可以直接跟神溝通。

西方中古世紀時，教會的勢力凌駕人們的生活。人一生的過程，出生受洗、婚禮、喪禮等等，都在教會力量的籠罩下，必須透過教會機構的媒介才可以接觸神。原始古代有巫覡，這些人可以直接跟天地鬼神溝通，但是西方中古時代的教會不允許個人直接跟神溝通，要透過教會機構。

他說，到二〇七五年，這些事情都已經完成，他完全沒有提二〇一二。可是，有人問他會不會有世界末日？他說，我們所知的這個地球並不會消滅掉，不過會有天災人禍，也有一些戰爭，但不會有毀天滅地的全球大戰。有很多人死亡，可是我們這個人類的世界還是會繼續存在，而且會變得完全不一樣，我們的意識會提升，人種也會改變。

他甚至說，未來在一個人裡面，可能容納四個不同的靈魂面向，就是像我們現在所謂的多重人格。現在講多重人格好像是一種病，他說以後可能都會變成這樣，但大家都可以相安無事。當然現在還難以想像，有四種不同個性與性別的人格，如何交替出現在同一個人身上！

這是賽斯對於二十一世紀新時代的一些預言，可是他沒有說人類會整個滅亡。他是說，人的內在本性隨著這些發展，將把自己由過去的許多束縛中釋放出來。

一但新的紀元真的開始，雖然不是人間天堂，卻是一個比較健全與公正的世界，在其中，人們較明白他與地球的關係，以及他在「時間」這個範疇之內的自由；在那個時候，已經不需要宗教，每個人就會建立起與天的直接連結。

新時代每位大師、每本書都在講「與神連結」、「與神對話」，賽斯就是這樣講。越深入賽斯，對他講的東西就越來越有體會。他講的東西實在是不容易懂，可是你越看到後來就越會讚嘆，真的是這樣！會覺得非常的喜悅。

認清靈魂的本質

在《靈魂永生》裡，賽斯說，「你現在是一個靈（spirit），那個靈擁有一個意識：靈可以把意識打開或關掉，意識本身是不眠的，關上的時候仍有微光，靈永遠不在他的意識被熄滅了的『虛無』狀態。」

我們最基本的恐懼——死亡的恐懼，其實就是意識熄滅的恐懼，你覺得你不存在了，你就沒有了。所以了解「意識永不熄滅」是非常重要的，這個就是賽斯一直強調的靈魂永生。人家問我賽斯哪一本書最重要？我說《靈魂永生》。當然別的書他也講過有關死亡，可是這本講得最清楚。

賽斯也講到轉世跟輪迴，這個跟我們的主題很有關係，因為除了死亡，這個世界的運作就是轉世跟輪迴。

他說，人有自然的罪惡感，當你傷害到別的人或是別的生命，就要覺知你觸犯了對方。這個時候你改過、不要再犯就好了，並不會變成一個罪，必須去彌補。而人工的罪惡感是人集體意識的概念，或因為社會的傳統、文明的發展，因為當時的時空條件而造成很多這種想法。

人工罪惡感不像自然罪惡感那麼簡單——不小心犯了錯、觸犯了別人就改過。不是這樣子。人工罪惡感使「錯誤」變成一個罪，變成我們所謂的業，就要自我懲罰。人就喜歡自我懲罰，包括我在內。其實**宇宙法則是沒有罪、報復、懲罰的，如果你擴展你的愛、健康與存在的感覺，便會吸引到那些品質，因為那是你專注的事。**

賽斯講過一句很重要的話「你創造你的實相」，已變成新時代的名言！根據你的信念，不管你在什麼次元，不管你是有形無形，你都創造你自己的實相！所以他說，你要覺知你的心念、感覺，你專注在什麼上面，你就會得到什麼。我們往往不喜歡得到的東西，覺得這種爛事情、討厭的事情怎麼會發生在我身上！這時候就要轉移你的專注力，專注到正面、開心的事情上。尼爾《*Home With God*》那本書說：「當你開悟以後，沒有負面的事情。」就是這個意思。所以合一有一個咒語「我是意識、存在、喜悅」，這就是我們靈魂的本質。

我們都不希望有戰爭，可是如果被欺負，為了保護國家、人民、土地、財產，我們往往認為一定要反擊，一定要用仇恨殺回去。賽斯說，為了這類理由懷恨而死，都會吃大虧。在下一生裡，你將以現在的那些態度做事，這就是業。這不是報復，而是，你怎麼活就怎麼死，你怎麼死就怎麼活，你沒有解決問題，還是緊抓住那些負面情緒，你就會再體驗；直到你學會，這些是不需要抓住的，這根本不是真的，是你自己嚇唬自己的，或者是被別人嚇唬的。對於這個，自己要有智慧去辨別。

不必壓抑，要認知

賽斯說，凡是人家對你的負面評語，說你不好或者脅迫你，這樣的話你都不要聽，根本就不要上當，你就是回到你心裡，你的「內在聖所」裡，知道你是受祝福的，你是被愛、安全的就好了。如果你心情保持這樣，你就會持續的健康。

我們會不健康，常常是因為自己很害怕，覺得一切都跟我們作對，或是覺得這個世界是對我們不利的，或者人世間是不利的。我們感覺在這個世界活不下去，就會產生很多的病，情緒敏感、被細菌侵略，認為自己沒有抵抗力。於是你拚命想要去抵抗根本不存在的東西，杯弓蛇影，這都是跟自己過不去。

《聖經》裡面有一句話，你可能會覺得不對，可是現在看起來，其實是對的。《聖經》說：「公義在上主。」就是說，你不要去評判別人，他是否死罪，公義在上帝。一個懷恨的人總相信自己有理如此，都是人家對不起你、人家傷害你：他對我這麼壞，我怎麼能不恨他？難道你要我壓抑這個恨嗎？

不是要壓抑這個恨，而是要認知這個恨。你要認識到你在懷恨中，然後你知道這個懷恨是沒有意義的，只會傷害到你，對他無傷，所以你幹嘛因為人家對你不好，再去傷害你自己呢？

賽斯說，「一個懷恨的人總相信自己有理如此，他絕不恨任何他覺得是好的東西，因為他相信那個人壞、那個東西壞，所以他認為自己恨得很公正。這個恨本身會把他據為己有，就是他被恨抓住了，生生世世的跟隨他，直到他學會：只有恨本身才是毀滅者。」

看到賽斯講的這些東西，就想跟大家分享。我們常常活在被負面的概念洗腦或催眠的狀態下，覺得自己站得住腳，覺得上帝、公義在我這邊；其實上帝要怎樣，隨他吧！**我們不要把恨據為己有，然後自己害自己。**

他還講到，這個世界上最糟糕的就是戰爭，戰爭是恨的大集合，你打我、我打你，永遠冤冤相報何時了。戰爭是大規模的，不像私人恩怨，打一拳可能死不了人，冤冤相報還有歷史的糾葛，像以色列跟阿拉伯國家的糾葛，公說公有理、婆說婆有理，有理講不清，這樣下去根本永無寧日。

有一次在賽斯課中有客人一起上課，那人就說，哼！恨是可以原諒的，因為那些人實在太壞了。本來是珍在跟他們上課，賽斯就跳出來跟那人說，恨戰爭不會帶來和平，要愛和平才能帶來和平。所以，恨生出來的是恨，永遠不會生出愛來。

珍寫過三本小說，大家可能都沒有看過。她的小說是跳躍式的，這個事件跳到那個事件，這個人跳到那個人，從古代跳到現代，從現代跳到過去，可是都是同一個靈魂在不同時空中的不同面向，與另一些靈魂面向的遇合，彼此交織。她講到古代人留下一個 Codicil，我本來不知道是什麼東西，後來才知道叫做「附錄」，就是指古代人留下的一些智慧，其中有對未來的預言。

有關這個預言，賽斯在《夢、進化、價值完成》裡有講到，但其實講得比較明白還是在《心靈政治》裡面，二百八十五頁講到「附錄」這個東西，原來有五個附錄都是對於未來的預言。書中說，意識擴展、自我擴大了以後，你就可以感知，就有這個替代的神經路徑。我們的神經路徑是複雜的，現在西醫也很難解剖出所謂神經路徑。不過中醫可以診斷，雖然沒辦法看見、沒辦法解剖，可是會有一些反應，會有一些效果，從那些效果可以感應，比如說扎針時，遠端的經絡會好像觸電一樣。

意識擴展與提升

意識的擴展，是二〇一二年各派別一直在講的，也就是有一個意識的提升、擴展，會把我們以前老的、有限的那些意識，擴展到可以感知到更多次元的世界，內在感官也會充分發展。那個時候，這個世界的人類其實已經跟現在不太一樣了。

還有，現在有很多兒童，來的時候已經跟我們以前小時候不一樣了，有水晶小孩、靛藍兒童、彩虹兒童，他們生來就知道很多東西，是我們大人不知道的。所以就很像《先知》裡面講的，你的小孩不是你的。為什麼？我們還沒有活到那麼長，他們的世界，他們以後的生命、意識、感知、心靈的擴大，都不是我們做父母的人能夠追得上的，也沒有辦法了解；你既然趕不上，就不要用你有限的眼光去批判他，還要教他應該這樣做，其實他的世界跟你不同，他感知的世界也跟你不同。所以，當我們的意識擴展以後，三次元的世界真的就崩解改變，宗教也崩解了。

三次元的世界是我們以前的概念、以前的信念創造的，現在很多都發生了改變。宗教都在反對自我，都在說這個自我不好，賽斯說，其實自我無罪。綜合來看：有的人說自我不好，要高我、大我才好，有的人又說小愛不好，小愛很自私要大愛。我是覺得大愛、小愛都是愛，自我、大我都是我，端看你靈魂的展現有多少而已。

我們的靈魂很大，但是展現只有一點點，因為我們的恐懼、害怕，所以要加緊維護自己的存在。你一旦知道你是安全的，你不用恐懼的時候，你就可以放大，不用提防，不用步步為營，一天到晚覺得自己很危險。所以小愛為先，你要先愛自己，先肯定自己，先認知自己，先接受這就是我，要把「我」發展到最完整的地步；不批判自己，對別人也是以這種心，愛自己也愛別人，因為他們跟我本質上都是一樣的，沒有高下。

有一些派別很喜歡問：你是第幾層？我是老師，我層級比你高，搞出許多優越感來。靈性的優越感並不是比物質上的優越感還不好，不好的是「有優越感」的這種狀態；不管是在哪個層次，靈性層次也好，物質層次也好，根本沒有這個東西。

自我是什麼？你要先知道什麼叫做「我」，自我的執著是：根本不了解是什麼，就抓著不放，把一些很狹隘的觀念、被灌輸的觀念抓著不放，認為這個就是我。其實不是。這是更大的，是可以放鬆、悠遊自在的一個我。

自我有一天會越來越擴大，不是更自我，而是自我的界線會消弭掉，會擴大到跟大我相通，這個就是所謂修行的意義，修行會越來越把對於別人跟自己的恐懼、界線、判斷消滅掉。

賽斯說，基督教代表人類心靈發展形成的第一個內在模式，然後外在化，外在化變成神話。我們與那個大我連結了，向它開放、擴大，就變成跟它一體、合一了。

《夢、進化、價值完成》裡面也講，要重新同化、吸收自己的那些部分，也就是你之前把自己內在部分投射出去變成神、魔的這些東西，再把它吸收回來變成你的。了解與接受自己的那些潛能，而不投射於外，為自己的行為負責。

有的人常常說：這個佛叫我做這個，這個神、鬼叫我做那個，又卡到陰什麼的……其實，你要認清楚，這些都是你自己。你不承認、你排斥的東西，是因為你覺得那個不好，那個根本不是我！其實那個就是你，你要把他吸收過來，愛他，讓他沒有恐懼，這樣就是你為自己的行為負責；因為沒有什麼叫做魔，也沒有什麼叫做邪惡，邪惡就是無知跟誤解的結果。賽斯講的這些話，我覺得都是暮鼓晨鐘，讓大家知道到底怎麼一回事。

賽斯說，如果不改變你對神的理念，就會局限自己，而沒有辦法去創造可能的未來。我自己直覺上相信很多人都是從外星來的（雖然我也不能判斷到底是真是假），有各種不同的外星人到地球殖民過，有一些外星族類比較暴力，有些比較溫和，經過很長歷史的演化，最後就變成我們這些人類。

賽斯講過，人並非從猴子演化來的，人的意識本來就是這麼高的，我們一開始就是進入人的身體裡面。人種有二十二種，雖然有不同的膚色、不同的語言，可是都是同一個祖先，是天琴星的人下來在地球上殖民。

在《未知的實相》上集裡，珍有一首詩我很喜歡：

今日即明日，而現在即過去，
萬事皆空，而世事皆恆久，
既無開始也無結束，既無可墮落之深，也無可攀升之高，
只有這一剎那，搖曳之光，遍照空無，
但哦！如此光明！

這首詩真的很有禪意：一方面是有，一方面是無，又空又恆久。「有」是物質的，就是具體的東西；「無」並不是空的，這個無是無形，是心靈的東西。

與神的核心合一的體驗

上一堂講到我悟到與神「融合」的經驗應該就是「涅槃」。尼爾說，在無止境的「變為」（變動不居的意思，賽斯也講變為）狀態裡面，有一些被稱之為已達完美的情境，（已達完美了喔！）若非在其中還有創造性的話，那所有的經驗都會命定的嘎然而止！所以賽斯和西方系統才反對涅槃，因為嘎然而止就是沒了、無了，就消滅了，其實不是那樣。

可是，尼爾說，神的創造力是沒有停止的，會把你沖出核心，所以你又進到橘子那邊去了，然後再重新做決定，看你要到世間、還是有別的選擇。這樣說的話，涅槃其實沒有什麼好反對的，就是這個狀態，並不是融入後就永遠不出來。那就是所謂的天堂的幸福，可是你還是會出來，因為創造力是永遠在動的，沒有辦法停止下來或消失掉。

再講到尼爾。他說，所有這些事情，我們所謂好的事情、壞的事情，或善的、惡的，其實都是感知角度的不同。我們為何一直輪迴？因為要徹底體會不同的角度。你現在從這個角度看到的是這樣，你就說原來世界就是這樣；你到另外一個角度看，又覺得其實根本不是這樣。從一個更高的角度，可以看到的又更多，從各種不同的角度去了解世界，就會一直源源不絕下去。

眾生靈性平等

最近看到一本書很有趣，叫做《懶人開悟指南》（*The Lazy Man's Guide to Enlightenment*）。其實這本書是滿早以前美國的一個老嬉皮（Thaddeus Golas）寫的，好像比我還要老，用迷幻藥的經驗很多。他第一句話就是「眾生平等」，所有的有情眾生都是平等的，每個人都是沒有高下，都是很美的，都是神的一部分，都已經開悟，只是他不知道自己已經開悟。與我心有戚戚焉！

講到開悟的狀況，像服了迷幻藥以後有一種飄飄欲仙（space out）的感覺，他把它翻譯成體驗到空性，他不講 void、empty，他講 space，平常這個字會被翻譯成空間、太空、時間、空間……等，可是譯者把它翻譯成空性或者是空間，那並不是「無」，而是大得不得了，非常的開闊。他說，其實所謂的修行，直接的感受就是擴張，你的意識擴張、愛擴張。擴張像是一個開悟的狀態，越擴張就越喜悅、寬廣、安全，沒有那些亂七八糟的雜念；可是當你恐懼的時候，就收縮，收縮就是恐懼。

賽斯的《心靈政治》附錄還講到，因為我們現在這個世界只認同一個自我，自我統治自己，就等於神統治人。神統治人，人就主宰地球跟其他的族類。未來則是認同自己的擴張、認同多次元的自己。我們現在都太過以為這個就是很小的我。賽斯經常講到多次元的實相跟多次元的我，有很多平行的我，及很多可能性的系統。

賽斯還說，我們需要一套新的心靈藍圖，進一步伸展到未來裡。我們曾經將三次元的戲劇誤認為是代表實相，神經被凍結了，被迫認知只有一個序列的感官知覺模式。序列跟時間有關，是一條線型的順序，認為只有這唯一的模式。其實我們不是像這樣來到這世界的，而是一直不停的從你所在的時間、地點，向外面散開來的。

談到可能的未來，賽斯說，人將能夠維持自己，而不必去耗光地球的資源，能夠過著不殺生的生活，而且真的能夠形成一種新的、與地球相連的身體結構。這要看以後怎麼發展，再來討論。

哪些人不需要賽斯？賽斯說：「有一些人，他們很融入、很了解我的觀念，可是他們並不知道我的名字，就是那些活在地球上很滿足於他們的生活、處境的人們。他們知道自己充滿了活力，不需要我來告訴他們『他們是重要的』。他講的是：跟自然、大地、宇宙的本來面目還連接得很強的那些人，他們認知到自己存在的活力，他們忽略掉當代的那些信念，因為當代的信念灌輸給他們一些不對的、讓他們收縮的信念。」

賽斯說，他們是古老的兒童（ancient children），他們不會去求學問，也不會去唸哲學，這些人根本就不需要我。他說，你們這些來聽我講的，其實就是因為你們不滿足，對世界充滿了疑問，對你自己充滿了不信任，對你們的生命不滿意、不滿足，所以你們才會來。但他們觀察四季的運作，他們傾聽自己的心，他們不需要唸我的書。

我一再希望大家唸賽斯，因為我自己覺得他充滿了很美的洞見。但如果你是剛剛講的那種古老的兒童的話，那你並不需要去求知識、學問，你就是聽你自己的心就好了。

賽斯還說，他們是自然跟四季的聲音，他們認識到他們的來源，可是他們並沒有受到所謂的教育，是他們的心告訴他們那些訊息。這是他們的智力沒有辦法解釋的，不過他們直接就知道這是對的，所以我們也不用去跟他們囉唆。他們並不需要認識到賽斯的概念，可是他們認識自己存在的活力跟天賦的權利。天賦的權利就是：**你能夠活著，你被賦予生命，這就是個禮物**。他們認知到這點，他們就不需要我，但，你們需要我。

他說新時代跟新紀元是指：揭開不同次元之間的面罩，揭開我們的意識，跟我們的過去、現在都有連繫，跟我們的可能性、跟我們平行的自己都有連繫。意識擴大，覺知擴張。

賽斯說，他所講的話只是我們心靈聲音的一個不是很了不起的代替品，是個模擬的東西。他說，自己如果能夠傾聽自然，喜愛生命，充滿活力，就不需要賽斯；如果滿足於自己的存在，心中充滿了歡喜，你不會排斥、看不起不懂賽斯的人。

有一個人跟賽斯說，他朋友不懂賽斯，所以他不想跟她來往。我也認識這樣子的人，我自己可能也會在意。他問賽斯，該怎麼做？賽斯說，確實有這樣子的人存在。剛剛講古老的兒童，他們對於生命的活力充滿了信任，他們根本聽自己的心聲就好，何需賽斯來代言。所以賽斯說，如果妳朋友了解自己靈魂的訊息，那還要求什麼？是你不懂才要去追求。

我不是貶低理性，我也是還滿理性的人。當你還沒有直接感應到、直接體會到他所說的那種境界的話，賽斯或者別的大師所說，只要是正面、光明、充滿愛的，還是對我們有所提醒。賽斯只是提醒我們「本來如此」，提醒我們所遺忘了的事情。如果你已經了解，你就不需要賽斯了；可是如果你還沒有達到，看這些東西會幫助你想起來，你會「喔！原來如此」，就找回本來的那個喜悅。

有關二〇一二的高靈傳訊

再來講一講其他對二〇一二的說法。

大家都知道**克里昂**高靈（kryon）是磁性大師，他的說法有些奇怪：他們是沒有到地球來生活的存有，在地球剛剛形成時就來幫忙設定磁網（在圓的地球外面有很多磁的格網）。他說，二〇一二以後，留在地球上的將是一個以愛為基礎的意識，負面情緒不再有效，你將會從愛中創造你的實相，將這個覺知帶回到你的世界，徹底明白你是誰。

他說，完整的人類是真正奇妙的存有，每一個聽到這個訊息的人，都帶著一個天賦、天命，並能將之顯化在地球上。聽到這個訊息的人都是一個治癒者，所有的治癒者都有過艱難的生活。為了能夠讓你了解自己，你必須透過許多的課題才能夠了解每一個人。如果你都沒有受過苦，了解人們的掙扎、失望、挫折的話，你沒有辦法起共鳴，沒有辦法了解別人。在你內在被療癒之後，就能夠很容易的去療癒別人。這是克里昂講的，都沒有恐怖負面的東西。

伊曼紐（Emmanuel）也是我很喜歡的一個高靈。他說，二〇一二年有大規模的覺醒，這個地球到時候會毀掉，所以大家要努力的去學習跟修行，以達到能夠像鳥飛到另外一度空間，飛到另外一個星球。他說，一些沒有去、留在地球上的人，一覺醒來，地球已經變了，可是他沒有感覺。

這些沒有覺醒的人並不是死了，他就是留在本來的地球，根本不覺知到有什麼改變，他還是在三次元，另外揚升到比較高次元的人，就已經到別的地方了。伊曼紐又說，地球行星第一次會複製一個跟地球一模一樣的行星，就是地球A跟地球B，一些人移民到新的，一些人還是在舊的。

他說，這個事情已經在變了，複製出來的這個行星會進入更高緯度，這件事情已經快完成了。這兩個行星的分離是一瞬間就達成的，新的行星也還是叫蓋亞，是第五密度的，而現在是第三密度。他說，每個個體都會體驗到不同的結局，有的揚升到第五次元，有的還在三次元，取決於靈魂的頻率，而且取決於自由意志，看是哪一個你將帶著完全覺知，去參與二〇一二的大轉變。我們人並不光是一個三度空間的生物，我們同時活在多次元層層疊疊的平行世界裡，所以到時候，你是以自由意志去選擇，你到底是要在哪一個次元上。

你的頻率決定你活在哪一個實相，但可能你沒有感覺，你已經轉到另外一個平行宇宙去了。他說，二〇一二年，個體與集體分離的概念，正以比你想像還要快的速度退去，我們要合一了，分離只存在於表面，在深層處，我們都是一體。

他說，有界線的部分，馬上就要結束了，將有大規模的覺醒，還有守護者來幫助地球的人拿掉面紗。你們將與你們星際聯盟的姐妹相聚，相聚同時發生在所有的次元，有上百萬的飛船，聚集在地球行星周圍，在那邊等待守護我們。對付黑暗，只要緊握你的光，散播你的愛到集體意識，製造出一股能量流，持續地提高集體意識的振動頻率，一旦運轉了，就不會停。

這是很重要的一個概念，他跟賽斯的概念是一樣的。在早期課時，人家問賽斯：會不會有世界末日、整個毀滅？他說，除非地球上每一個人都在同一個時候有共同的意念、信念，都相信這地球完了。為什麼要一直提醒大家，要趕快把你的愛、信任投射到集體意識裡面？大家都一起提升、提高頻率，就不會有集體毀滅發生了。

賽斯說，很簡單，只要投射新的思想形式到形成界（形成界就是具體的這個地方），一個有愛、和平、喜樂、和諧的新實相，即能瞬間顯現。只不過大多數人不知道自己就是創造自己實相的人，不知道集體的力量，以為世界永遠不會改變。為什麼集體的力量很強？因為越多人投入正面意識進去的話，就越有效。所以我才說，我們活在世界上能幹什麼？就是要達到我們的理想，追求真善美，大家一起，力量大起來才能達成不可能的夢（impossible dream）。

彼得奧圖演的西班牙電影《唐吉訶德》裡，有一首歌叫做《不可能的夢》（Impossible dream），我非常喜歡這首歌，剛好尼爾也在提這個，簡直太美了！那是一個幻想，幻想中，一個酒店的侍女就變成他心目中的公主。可見所謂理想的境界，就是按照我們的理想去看的世界。所以我們的理想越高，看到的東西就越好，這就是為什麼要堅持創造一個真善美的理想主義。尼爾還說，衷心祈求就能夠提升頻率。

對自己要有信心

網路上看到一個人叫做小祖母（little grand mother），她其實是很年輕漂亮的一個女孩子叫姬夏（Kiesha Crowther），是加拿大人。她講的不多，她叫大家不要擔心，她說只要內心開悟，活在愛、光與喜悅裡，不用恐懼，到二〇一二，我們地球就會像天堂（heaven on earth）一樣。她說，假如遇到諸如「黑暗三日」的狀況，只要很平靜的跟家人在一起，大的轉變很快就會過去，不會很久，幾分鐘就過了，就會改變我們的心意和生活態度，反正會是自然的、很好的一個世界。

還有一個很奇怪的說法。有一個美國男性，他在電視網上面講（聽說以後還要出書），雖然天琴星來的人是我們人類的共同祖先，可是現在他們已經退休了，退休以後在天上就是所謂的菩薩。菩薩是已經退休的一族，很喜歡環形的生活。我想環形生活的意思可能是指輪迴。他說的應該是指導靈跟守護靈，也就是所謂神祕學常常講的，有個元老會議，人要來世間以前要經過元老會的同意，決定你要來幹嘛，走的時候也要經過元老會來幫你看，你這一輩子完成了什麼。他們這一族的人通通是元老，就是菩薩，像個神話故事。

我想大家一定看過《綠野仙蹤》。其實我覺得，很多童話、神話根本不是兒童的故事，是給大人看的，因為我們大人一眼就看出來到底在講什麼。比如那個獅子，本是獅子可是像病貓，因為沒有自信、沒有勇氣，所以就變成病貓，看到狗卻被狗追的那種獅子。那鐵人沒有心，因為沒有裝心，只裝鐵的外殼，好像很硬，可是他看到別人受苦就會哭，就生鏽、卡住不能動了。其實他是充滿愛的，可是他以為他沒有心所以不會愛。有時候我們說：這個人腦子像稻草。故事裡的稻草人說他沒有腦子，自己很笨，可是每次碰到危險，都是他想出計策來的，所以他是最聰明的一個。

我們大家也是一樣，都把自己貶低，這個社會、家庭、傳統又助長了這種風氣，覺得這才是謙虛、有道德的，覺得自己很差，才能夠尊敬別人。其實剛好相反，我們如果覺得自己很差，只會嫉妒別人、恨別人；我們對自己覺得很滿意、滿足時，才會看到別人的美好，包容別人的不完美以及自己的不完美。所以，千萬要有信心，對自己的人性要有信心，對自己的神性也要有信心。

賽斯有句話像暮鼓晨鐘：如果你相信愛你自己是錯的話，那麼，你就的確無法愛任何別人！

流浪者之歌

《一的法則》（*The Law of One*）講到流浪者，我覺得很有趣，因為我覺得自己也是流浪者。書裡流浪者的主要使命是：以開放與燦爛的心胸迎接當下，讓無限的愛穿過我們，流入地球層面。我想，大家也可以在自己心裡面，找到「自己是流浪者」的那種聲音。

流浪者說，我們嘗試的最困難的一件事就是：成為我們最深層、最真實的自我。他同時為這個世界感到憂傷和喜樂，他覺得這是一種令人困惑的感覺，因為他很關心這個世界，可是又覺得其實是不用擔心的。他說他不會通靈，可是對於靈性事物有特殊的感覺，喜歡音樂，喜歡大自然、動物，他感覺自己是來自外星球。他說，當你感覺你自己是個流浪者的話，你就是。哈哈，好像在說我呢！

世俗的人追求具體的東西，喜歡形而上的人追求事物的本質。這個很重要。

有一個故事一直忘了跟大家分享，我覺得很有趣。一個信佛的人跟一個基督徒在辯論，他們的師父哪一個比較殊勝？基督徒說，你看，我們的神那麼好，《聖經》上講，有一個人他的兒子死了，他跑來跟耶穌哭求，他對耶穌說：我的兒子死掉了，我實在是太痛苦了，你幫我救救我兒子！結果耶穌就很慈悲的把他兒子救活了，所以他的神真好，可以讓死人復活。這是解決之道。

可是信佛的人這邊，有一個故事大家應該也都聽過：有一個媽媽，她的兒子死了，她跑來跟佛求說，我兒子死了，你能不能把他救活？結果佛沒有馬上把他救活，而對婦人說：妳先到村裡找一家沒有死過人的家庭，跟他們要一些米或水過來，那我就可以幫你救活妳的兒子。這位喪子的媽媽去了很久，挨家挨戶走遍全村，結果沒有一家沒有死過人。佛說，你看，這就是無常，本來人生就是有生有死，人是必然會死的，所以你就不用去解決這個事情。本來是一個問題，現在不成問題，佛把這個問題化解了。

一個是「化解」之道，一個是「解決」之道。我自己聽了以後，就覺得這表現出兩個宗教本質上的差異，所著重的不同。一個是慈悲，管他是不是真的永久有效，還是要幫助人度過痛苦。一個著重的是智慧，不是知識問題，不是理論問題，而是智慧問題。所以我覺得這兩個途徑都很有趣。新時代則是這兩個都不用，本來就沒有死亡這回事，所以更厲害。

大家都想追求完美，賽斯在《靈魂永生》講的一段話很有趣。他說，你們對發展與成長的概念，暗示一個朝向完美的單線行進；一個完成或結束了的神（或一切萬有），會悶死了他的創造物，因為已經完了，已經凍結了，已經完美了，就沒有變化了。他說，因為完美預設了一個點，是不可能超過了那個點而發展的，所以創造力已經到了尾聲。

從不同觀點來講的話，是非常有智慧的，這根本是一個流變不居的宇宙，沒有結束也沒有完結，只是一直在體驗、經驗。

我的結論是，我們講「為學日益，為道日損」，我們也講求道或不求道這個問題。**人生不管你求道不求道，你都在自己選擇的道（過程）上，你總有一天會得道開悟。**可是在理性上，還沒有得道以前，我們會有很多疑問、問題，自然會一直去看書，一直去求這個道。當你已經累積這些知識，你要經過體驗才會變成智慧，那個時候你就知道，沒有什麼好求的，你已經都明白、體會了。

我喜歡並且推薦賽斯，並不是把他當作神，或是唯一的老師，而是他將有形跟無形的世界、宇宙的生成跟發展，這整個的經過，做了最好的宣示，他講得最好！但是，賽斯一再強調，他只是我們每一個人靈魂心聲的代言人，如果你不相信自己和世間、出世間的宏偉美好，不相信自己是無罪的、受寵愛的，堅持緊抓著舊時代的宗教、科學、宇宙觀的人，才需要他一再的提醒。**如果我們像小孩一樣，對生命充滿了好奇、期待，信賴自己的生命力跟安全感，接納所有的一切，我們就不需要賽斯，也不需要古老的神祇了。**

現在舊時代還沒走，新時代還沒真的全面到來，在一個交替的過程。我們不妨常常停下來看一看，原來很多東西是舊時代的遺蹟，我們一不小心就會掉回到舊思維、舊的信念系統。舊時代的信念把自己限制、貶低、壓抑，所以你的心中就徬徨恐懼，以為一切都要外求，自卑、自恨。我們其實是可以放下這些的。

新的意識像波浪一波一波的來，這些意識波隨著時間，形成一個新的波，新時代就是一個新的意識波，展現的是最高層次的感知。如果我們也像這些所有的高靈、大師一樣，對世界充滿了信望愛，明白靈魂的永生、死亡的不存在，那麼，二〇一二年將不再是帶來恐懼，而是更美好廣闊的可能性！

【後記】

恰巧在這個時間點，美國波士頓大學考古系發表了他們最新的發現：瓜地馬拉雨林中發掘出的馬雅金字塔古蹟，比墨西哥及尤加敦半島的金字塔群還要古老，規模還要雄偉，其布局與天上昴宿星的仙女位置正相對應。更令人震撼的是，在其中發現最古老的馬雅曆筆記。墨西哥的馬雅曆只算到二〇一二年十二月二十一日，便嘎然而止。所以大家傳說那是世界末日的預言。而瓜地馬拉出土的曆法，計算到長達七千年以後的曆法，而二〇一二年只是新週期的開始。大家樂觀地拭目以待今後的發展吧！

當我在為這本書整理我的記憶、思緒和感觸的前後，雖然偶爾不免摻雜了興奮和焦慮，但心情是平安又喜悅的。不過，我注意到身體有一些不明的症狀，經過檢查才發現是免疫系統失調。

由於我相信賽斯說的：「除了先天的殘障，身體的病都是心理引起的。」所以，縱使西醫認定是基因問題，遺傳來的，我仍不禁暗自慚愧：我怎麼會有這樣的病！

不過，賽斯也說，只要一息尚存，什麼病都可以痊癒。再讀一遍賽斯的《健康之道》，自己罹病的原因突然明朗起來：對人間的恐懼、不適應及抗拒、缺乏安全感，會啟動這種基因。我自小體弱多病，先天不足加上後天失調，視生病為理所當然。是賽斯資料給我的信心鼓勵，才使我越來越健康，至少比年輕時健康。

那麼，為什麼到我已「心安」到可以自在棄世時，又冒出來一些症狀呢？尤其是邂逅雙生子之後，已回心轉意想重返人間了？

「免疫系統轉而攻擊自身細胞」聽起來驚心動魄，像是一種自殺行為！該不會是當我有意識地想要棄世時，已無意識地啟動了身體潛伏的自殺基因?!

啊哈！我馬上重新設定「重生指令」。每日清晨醒來，先做感恩祈禱。感謝我的神給我愛的滋養照顧，感謝我的身體細胞給我長年的服務。我真愛我的身體，請它們好好的活下去。感謝神賜我安全、健康與愛。從此，我只想正面的念頭，「信和愛」都不缺，那就重新燃起生之欲，期望自己快樂，也感染周遭的人。

本來嘛，自「合一」回來後，自己獨處時怡然自得，出外也時時遇見天使。路人甲、路人乙都回給我可愛的笑靨，更別說參與「最後八堂課」的朋友給予我的共鳴和愛，更讓我一改初衷，要多留幾年，看還能貢獻什麼。雖然我曾以為我的天命——譯介新時代的好書——已經完成了。

還有一件事。前不久抽空去開了白內障，兩眼大放光明，看書和電腦也不用戴眼鏡了！雖然這毛病人人幾乎遲早會有，但在這個時間點，不但「看見光明」，而且連沒有憧憬、沒有「視野」的半瞎狀態也一併消失，令我覺悟到它的象徵意義。正如反思過程中，所有的不幸和災難，我都一一重新看見它所帶給我的禮物，從今以後，我也可運用我的新「視界」去創造我的新世界。

所以，我忍不住哼唱起有名的聖歌《奇異恩典》：奇異恩典，何等甘甜！我曾盲目，如今又能看見。

我臣服於愛！

【迴響】

來自「王姐的最後八堂課」上課學員

王姐的人生
開啟了台灣的新時代
王姐的書陪伴我成長並面對所有困難與挑戰

——李盈昌

※

本應是有緣和王姐相交數十年的密友，在爐邊夜話的氣氛下，才能夠分享得到一代導師追求心靈的內心經歷。可是王姐卻毫不保留的用八堂課，將心靈赤裸裸的貼近每位同學的胸膛。剎那間，人所有的瑕疵都變成是完美的，而人生的每個階段都將呈現非常的意義。八堂課是一個不平凡的肉身示現，也是新時代思想律動的祕密同步器，依此，應有機會去追求接近如王姐般的具足演出，如實生活。

——何明橋

※

感謝王姐分享自己的生命歷程，期許自己到老，也能像王姐一樣開朗喜樂且充滿智慧。

——盧欣怡

※

上完了王姐的最後八堂課，不是講大道理的八堂課，是一個人在分享她的生命歷程。只是在這歷程之中，我也聽到了在體驗與經驗之中，她活出了真理，並且繼續的活出真理。

而我們也不需要特別的去求些什麼。因為我們每一個人不論是否探求真理，其實我們每一個都一直走在那條路上。

——陳靈玉

※

因緣際會，上了王姐的八堂課，滿滿的感恩。
她將自己的生命過程「透明」出來，
從過去如何是一個常常「Falling in love」的受苦靈魂，
走到現今是「Rising in love」愛常充滿的喜悅之心；
從一個幾乎對凡事嚴苛的人，
如何走到不批判，以及接納、寬容看待自己的一生。
每次聽到她講過去自己有點荒唐的事蹟，
尷尬的語氣中，有愛憐，有自嘲，有時還聽到一點點嘆息，
每每聽到她如此公開自己，心裡非常感動。
原來「愛自己就是完全接納了自己」。
感謝王姐用「生命典範」讓我了解這個道理，
儘管所有的書本都揭露此理，
但王姐透過親人親事見證了書本（包括她過去翻譯的著作），
活出了書本的知識，
也鼓勵我，要越來越喜歡自己，要越來越接納自己。
感恩王姐帶來給我以及世人的禮物，
學習王姐一樣活出自己，是我們回饋給宇宙最好的禮物了。

——張淑貞

※

感謝王姐分享生命中種種的風景與求道、行道的歷程。我很感動。

王姐的現身說法，是如此的真實、溫暖、慈愛。不斷的提醒我們去看到自己的本來面目，去傾聽靈魂帶給我們的訊息，去感受生命如是的恩寵狀態。

有幸能收到王姐這份禮物。

古人有言三達德：立德、立言、立功。我深深感受到王姐能夠以「智、仁、勇」行「信、愛、望」而臻「真、善、美」的人生。

——吳惠玲

※

五年前因看賽斯書，而與王姐結緣，是生平第一次接觸新時代思想。此系列書陪伴我走出人生低潮，也啟動我靈性探索之路。當時對王姐充滿好奇心：是何等人生機緣讓王姐興起翻譯此書的念頭？日後持續關注新時代協會課程動態，直至三年前因王姐成立星盟讀書會而首次見面。百聞不如一見，待在讀書會兩年期間，感覺王姐一直處在平靜喜樂、無憂無慮狀態中，而她又是怎麼辦到的？那段時間受到王姐指點，自己如同海綿不斷吸取靈性訊息，在靈性意識上明顯大躍升，乾枯的心靈得到滋養與撫慰，多年尋覓探索也找到棲身之地。

對王姐最感敬佩之處，在於她將新時代思想理論落實到生活層面上，是「個人創造實相」的真實版，句句鏗鏘有力，說服力十足，她教導透過日常覺察觀照，拋開舊信念限制，還原本來面目，帶著赤子之心再度入世，人生又來到看山是山的境界，活得是越來越輕鬆自在，對人世間已無欲無求，甚至抱著隨時準備回家的心態。

王姐用她的生命故事來訴說，正視自己的情緒，透過情緒認識真實的自己，愛自己，照顧好自己，外在世界就會隨著內在的轉化而改變，有緣的人自然會來共振，緣盡的人也自然會離開，不執著各種可能性結果，人生就能過得平安喜樂。

過去的我害怕進入親密關係，總是保持距離感，受傷後心牆反而越築越高，用防衛心、否定方式來逃避傷痛，傷口隱隱作痛也要假裝不存在，不肯正視自己內心渴望，卻催眠自己不需要情感關懷。然而上完八堂課後，我告訴自己我要改變，我願意面對我的功課，願意療傷，願意突破，我要創造全新的自己。經過這一年多來的努力，越來越有信心，勇氣十足。既然王姐已闢開一條路徑，只要跟隨她的腳步，我也一定能找到屬於自己的真愛。

——陳錦美

※

王姐是華人世界的先知，因為她為後續千萬有志讀者認出／譯出賽斯擲地有聲的曠世價值，從而引領並開展新時代思潮。在因緣際會啟讀賽斯之初，就對王姐生起感激之情，因此，能夠參加王姐最後八堂課，見聞王姐幾十年來自我追尋之途的關鍵過程與隨之而來的精釀智慧，實非幸運二字所能形容。

——黃筱娟

※

喜愛新時代思想的人反對權威和偶像崇拜。喜愛與源頭直接交通與感應，在自己的生活中體現自己的信仰。所以王姐對我而言，就是一位實行生活大愛的密契長者。最後的八堂課分享，讓我願意腳踏實地的實行愛、熱情與寧靜的生活。

愛就是看到與被看到。熱情就是生活中充滿真、善、美、信、望、愛，並且創造自己想完成的價值。寧靜就是安適地享受宇宙中無條件注入的各種愛的形式。課程分享內容更深化了這種體認，當下更珍惜與人的相處，並且藉著對本質性的理解，懂得創造被人所愛的氛圍。這點在上課的氛圍中，王姐確實做到了，我也在學習創造被看到的恩寵。

王姐的深層回歸內在之旅，交雜著喜悅與挑戰的過程，為我面對未來的不確定打了一劑安心的預防針。王姐的熱情探索生活中的各種疑難雜症，甚至在意識上的超越，為地球人的我添加了許多迷人的戲劇元素，讓我知道是我自己在生活編導自己的戲碼，使我更寧靜、更安適的觀賞自己的鮮活演出。

——陳麗雅

※

感謝王姐這八堂課的真情分享，更謝謝王姐為台灣心靈工作的所有付出和努力！認識妳真是幸福，我愛妳！

——為杰

國家圖書館出版品預行編目資料

與神同心：王季慶的最後八堂課 / 王季慶著. -- 二版
. -- 臺北市：商周出版：家庭傳媒城邦分公司發行，
2022.01
面； 公分 -- (Open mind;24)
ISBN 978-626-318-115-1(平裝)

1.靈修 2.生活指導

192.1 110021241

與神同心：王季慶的最後八堂課（十週年修訂版）

作　　者／王季慶
企畫選書人／徐藍萍
責任編輯／徐藍萍
特約編輯／林香婷

版　　權／黃淑敏、吳亭儀
行銷業務／周佑潔、黃崇華、華華
副總編輯／徐藍萍
總 經 理／彭之琬
發 行 人／何飛鵬
法律顧問／台英國際商務法律事務所 羅明通律師
出　　版／商周出版
台北市104民生東路二段141號9樓
電話：(02) 25007008 傳真：(02)25007759
E-mail：bwp.service@cite.com.tw
Blog：http://bwp25007008.pixnet.net/blog
發　　行／英屬蓋曼群島商家庭傳媒股份有限公司 城邦分公司
台北市中山區民生東路二段141號2樓
書虫客服服務專線：02-25007718；25007719
服務時間：週一至週五上午09:30-12:00；下午13:30-17:00
24小時傳眞專線：02-25001990；25001991
劃撥帳號：19863813；戶名：書虫股份有限公司
讀者服務信箱：service@readingclub.com.tw
城邦讀書花園：www.cite.com.tw
香港發行所／城邦（香港）出版集團有限公司
香港灣仔駱克道193號東超商業中心1樓；E-mail：hkcite@biznetvigator.com
電話：(852) 25086231 傳眞：(852) 25789337
馬新發行所／城邦（馬新）出版集團 Cite (M) Sdn. Bhd.
41, Jalan Radin Anum, Bandar Baru Sri Petaling, 57000 Kuala Lumpur, Malaysia.
Tel: (603) 90578822 Fax: (603) 90576622 Email: cite@cite.com.my

封面設計／張燕儀
排　　版／極翔企業有限公司
印　　刷／卡樂製版印刷股份有限公司
總 經 銷／高見文化行銷股份有限公司 新北市樹林區佳園路二段70-1號
電話：(02)2668-9005 傳眞：(02)2668-9790 客服專線：0800-055-365

■2012年7月31日初版
■2022年1月11日二版
定價350元
Printed in Taiwan

城邦讀書花園
www.cite.com.tw

 ISBN 978-626-318-115-1

廣　告　回　函
北區郵政管理登記證
北臺字第000791號
郵資已付，免貼郵票

104　台北市民生東路二段141號2樓

英屬蓋曼群島商家庭傳媒股份有限公司城邦分公司　收

請沿虛線對摺，謝謝！

書號：BU7024X　書名：與神同心　編碼：

請於此處用膠水黏貼

商周出版

讀者回函卡

謝謝您購買我們出版的書籍！請費心填寫此回函卡，我們將不定期寄上城邦集團最新的出版訊息。

姓名：__________

性別：□男 □女

生日：西元 ______ 年 ______ 月 ______ 日

地址：__________

聯絡電話：______ 傳真：______

E-mail：__________

職業：□1.學生 □2.軍公教 □3.服務 □4.金融 □5.製造 □6.資訊
□7.傳播 □8.自由業 □9.農漁牧 □10.家管 □11.退休
□12.其他 ______

您從何種方式得知本書消息？

□1.書店 □2.網路 □3.報紙 □4.雜誌 □5.廣播 □6.電視 □7.親友推薦
□8.其他 ______

您通常以何種方式購書？

□1.書店 □2.網路 □3.傳真訂購 □4.郵局劃撥 □5.其他 ______

您喜歡閱讀哪些類別的書籍？

□1.財經商業 □2.自然科學 □3.歷史 □4.法律 □5.文學 □6.休閒旅遊
□7.小說 □8.人物傳記 □9.生活、勵志 □10.其他 ______

對我們的建議：__________

請於此處用膠水黏貼